U0064277

易經占桃花財運

自己卜卦最準確

書珩老師 著

目錄

37

第五章
易經牌解卦

167
第六章
案例分享

自序
書珩老師

　　《自己卜卦最準確・易經占桃花財運》這套以《周易》卦爻來解釋現況的占卜非但神準，還能將問題個別區劃，給占卜者想要的應對答案。這種占卜方式有一個特點，不但能準確的預測此事吉凶禍福，還能提供占卜者在此一時空及主客觀條件下，詳細的相關資訊及因應之道，供占卜者作最恰當的抉擇，以達成心中所願，是一套可善加運用的占卜書籍。

影響占卜準確率的關鍵因素：

一、結果準確與否和占卜者的誠心有關。

二、占卜準確的程度和所參考的工具書是否詳盡有關。

三、占卜準確率與提出問題方式有關。

四、占卜準不準和所使用何種占卜工具無關。在《易經》占卜方面，民間有
　　關《周易》應如何解卦的書籍，有如鳳毛麟角，很難尋獲。讀者有了《
　　自己卜卦最準確・易經桃花財運》這套好用的工具書後，就能在閱讀本
　　書後，靠自己的力量占卜解卦，為自己在人生的迷霧中點一盞指引的明
　　燈。

　　依據《易經》「天人合一」的理論思想，占卜時只要心專意誠，就能準確的將您的問題利用占卜工具而卜出結果來！要運用占卜來解惑決疑前，當然應該對占卜的基本觀念有所認識，思想觀念方能夠通盤了解，如此之後，在解卦的時候，不論遇到任何問題，才能一以貫之，做出正確的決定。

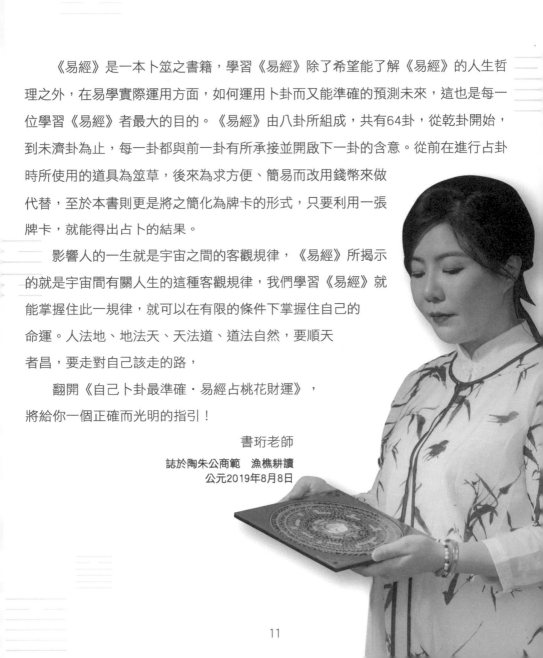

　　《易經》是一本卜筮之書籍，學習《易經》除了希望能了解《易經》的人生哲理之外，在易學實際運用方面，如何運用卜卦而又能準確的預測未來，這也是每一位學習《易經》者最大的目的。《易經》由八卦所組成，共有64卦，從乾卦開始，到未濟卦為止，每一卦都與前一卦有所承接並開啟下一卦的含意。從前在進行占卦時所使用的道具為筮草，後來為求方便、簡易而改用錢幣來做代替，至於本書則更是將之簡化為牌卡的形式，只要利用一張牌卡，就能得出占卜的結果。

　　影響人的一生就是宇宙之間的客觀規律，《易經》所揭示的就是宇宙間有關人生的這種客觀規律，我們學習《易經》就能掌握住此一規律，就可以在有限的條件下掌握住自己的命運。人法地、地法天、天法道、道法自然，要順天者昌，要走對自己該走的路，

　　翻開《自己卜卦最準確‧易經占桃花財運》，將給你一個正確而光明的指引！

書珩老師

誌於陶朱公商範　漁樵耕讀
公元2019年8月8日

簡介
書珩老師

學歷

市立松山高中畢業

國立中興大學中文系畢業

經歷

華視學生週刊總編輯

學生週刊教育事業部作文教師培訓總監

華視教育文化頻道「News12」國文科主講老師

與華視蘇逸洪主播共同主持華視作文教學節目「給我六級分」

紫微師範學院高研班畢業

生命靈數職涯規畫教學講師

台灣.香港.澳門醫美診所聘用命相學講師

香港藥廠特聘風水師

香港連鎖醫美特聘風水師

香港英國保誠人壽特聘生命靈數講師

香港AIA人壽致富面相講師

漁樵耕讀命理網負責人

專業特色

　　中文系的溫柔與專注在書珩老師身上嶄露無遺，她用充滿生命力的文字為詢命的大家建構出一個更為光明快樂的未來，讓所有人可以在未知的藍圖之中，藉由中國傳統五術的幫助，找到幸福與富有的康莊大道。在書珩老師的解說下，風水格局可以很科學，紫微斗數其實很靈活，易經占卜更是跨過了千年的藩籬，為現代男女指引精準的人生方向。

講座、媒體訪問

　　曾受自由時報、奇摩新聞網與鏡週刊報導，以風水命理專長為群眾剖析新聞人物之命相與動態，精準預測廣受好評。更為香港、澳門、台灣醫美診所與保險人壽爭相邀請，舉辦各式講座與企業內訓，為診所及企業主和業務大眾帶來高利潤，留住好人才。

書珩老師微信

漁樵耕讀官方網站

漁樵耕讀臉書社團

10508台北市松山區敦化北路201號12樓之9（台塑大樓前棟）Ⓐ

(02)2546-0689 Ⓣ

電子郵件：taozg.scl@tzgscl.com Ⓜ

第一章　認識《易經》

　　提到占卜，就必須提到中國第一奇書——《易經》，此書被喻為五經之首，因其中包含了中國人的宇宙觀及與天地萬物共生互存的觀點。而所有流傳的命理術數，都與此經脫不了關係，可說均依此經衍生而來。《易經》是古代用來占卜的書籍，占卜的官還有一個正式的名稱，稱為「太卜」。《易經》指夏代的《連山》、商代的《歸藏》及周代的《周易》，這三部經卦書統稱《易經》。其中《連山》、《歸藏》已失傳，傳世的只有《周易》。《周易》是周文王被商紂王在囚禁的時候，他研究《易經》所作的結論。儒道家的文化，都是從周文王著作了這本《易經》以後，開始發展下來的。可以說諸子百家之說，都源於《易經》。

一、易經的發展

(一)伏羲氏：伏羲氏為中國古史中畜牧時代的開創者，為《史記》中三皇五帝之一。《繫辭傳》記載他畫八卦：「古者包犧氏(按即伏羲氏)之王天下也，仰則觀象於天，俯則觀法於地，觀鳥獸之文與地之宜，近取諸身，遠取諸物，於是始作八卦，以通神明之德，以類萬物之情。」

(二)周文王：殷紂王在位時，天下大亂，周文王被商紂王囚禁於羑里時，將《易經》浩瀚的學理融入筮術占斷中，藉六十四卦以及三百八十四爻之象；斷以吉、凶，由是指導、教化人民生活，所以後來孔子稱讚周文王：「聖人以神道設教，而天下服矣。」

(三)孔子：孔子對《易經》的內容十分佩服，因此作《十翼》以解釋文王的六十四卦及卦、爻辭，摒除卜筮精神，以哲學說明吉凶，《易經》成為哲學思想之書。孔子作的《十翼》為十篇文字，後人稱為《易傳》，周文王的六十四卦象及卦、爻辭，則稱《易經》。孔子宏揚《易經》，為《易經》哲學發展史中的最高成就，史稱「孔子贊易」。

伏羲氏、周文王，與孔子被稱為「易學三聖」。

二、河圖與洛書

河圖──伏羲氏畫先天八卦來源

　　相傳伏羲氏治理天下時為太平盛世，洛陽孟津縣境內的黃河中，浮出龍馬，背負河圖，獻於伏羲氏。伏羲氏依此而演成八卦。河圖據傳就是伏羲氏發現於龍馬背上的圖案。如下所示，圖案由空心圓圈、實心圓點與線段構成，相連的點數即為代表的數字，有 1 至 10。其中，奇數以空心圓圈表示，偶數以實心圓點表示。

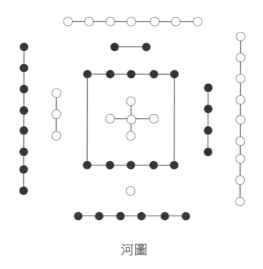

河圖

河圖之數簡單理解為：北方： 1、6 代表水；南方：2、7 代表火；東方：3、8

代表木；西方：4、9 代表金；中央： 5、10 代表土。如下兩圖：

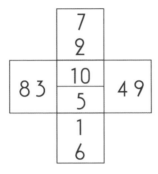

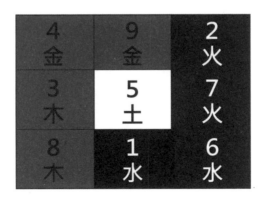

南宋朱熹以河圖為主，以乾、坤、坎、離居四正位，以兌、震、巽、艮居四隅之位，原因應為乾、坤、坎、離四卦對稱完美，所以居四正位。將八七配太陰、六五配少陽、四三配少陰、二一配太陽（皆為陰陽的協調），成為以下河圖配先天八卦：

八	七	六	五	四	三	二	一
坤	艮	坎	巽	震	離	兌	乾
太陰		少陽		少陰		太陽	
		陰儀				陽儀	

洛書——後天八卦的來源

　　洛書最早記錄在《尚書》之中，其次在《易傳》之中。太極、八卦、周易、六甲、九星、風水、等皆可追源至此。據傳大禹時，洛陽西洛寧縣洛河中浮出神龜，背馱洛書獻給大禹。大禹依此治水成功。又依此定九章大法，治理社會，後收入《尚書》中，名《洪範》。洛書涵括數字 1 至 9，與河圖的表示法相同，奇數（空心圓圈）為陽為天，偶數（實心圓點）為陰為地。河圖五、十居中之外的其餘八數，也就是洛書中五除外的八數。相傳周文王依據此八數演繹出八卦。宋朝數學家楊輝所著《續古摘奇算經》以縱橫圖稱呼洛書，內容提到「九子斜排，上下對易，左右相更，四維挺出，戴九履一，左三右七，二四為肩，六八為足，五居其中」。

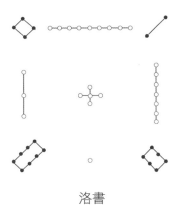

洛書

我們可以利用洛書的規律來排列九宮格，洛書的規律是戴九履一，左三右七，二四為肩，六八為足，中央居五。每一橫排每一豎排和兩個斜排相加之和，等於十五。除了中央的數（五）之外，八個數配八卦。洛書外圍八數與八卦的排列也是一致的，其中奇數為天，偶數為地。扣除中間的五，對稱組之和為 10。

$$4\ 9\ 2$$
$$3\ 5\ 7$$
$$8\ 1\ 6$$

近代風水常用的九宮飛星便是按洛書排布，最初的盤為洛書元旦盤，九宮飛星的軌跡由中宮作起點，然後按照洛書數序飛移，因此，飛星軌跡又稱洛書軌跡。九宮飛星實際上也體現出了風水輪流轉的道理，主要強調時運，「三元九運」，即一白星、二黑星、三碧星、四綠星、五黃星、六白星、七赤星、八白星、九紫星，每每三顆星一組，共六十年，此為一元。上中下三元組合，共有一百八十年，此為一個正元。

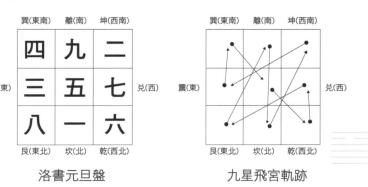

洛書元旦盤　　　　　　　　　九星飛宮軌跡

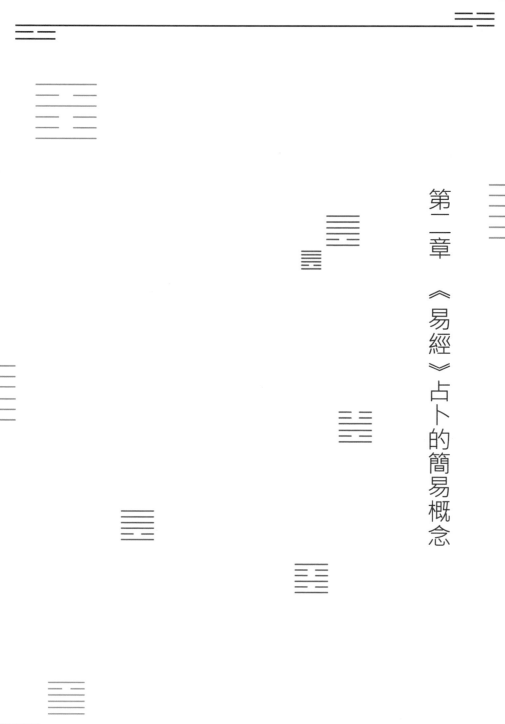

第二章　《易經》占卜的簡易概念

先天八卦圖　　　　　後天八卦圖

　　占卜的概念，起源於《易經》的八卦，顧名思義，就是八種構成大地萬物最基本的元素，包含：天、地、水、火、雷、澤、風、山，而這也是《易經》最基本的概念。占卜，簡單來說，就是以八卦所表現的自然之象來對應己身的問題，從而獲得解答，也是與自然萬物學習其組成的智慧，與中國道家師法自然，順天應理的概念，不謀而合。八卦的發明及演進，一般認為是由華夏民族共同的始祖——伏羲氏，觀察天地萬物的現象後所發明出來，而在周文王手中完備整個理論。也因各卦排序不同，故伏羲氏創的八卦稱之為先天八卦；而周文王的八卦，稱之為後天八卦。但其基本理論都是相同的。

而先天八卦的由來，源於太極，這也是中國人最基本的宇宙觀，依據宋朝理學名家周敦頤〈太極圖說〉中所述：「由無極而生太極。」無極指的就是宇宙初始，一切空無。（圖一）

爾後天地間氣體逐漸擴散，氣輕者往上，形成天，氣濁者往下構成地，陰陽氣化分天地，此為「太極」。天地成形後，就有日月兩儀交替運行。（圖二）

而由此兩儀而生出太陽、少陰、少陽、太陰四象，又由此四象衍生出八卦：乾卦（象徵天），兌卦（象徵澤），離卦（象徵火），震卦（象徵雷），巽卦（象徵風），坎卦（象徵水），艮卦（象徵山），坤（象徵地）。（圖三）

無極圖（圖一）

太極八卦圖（圖三）

太極兩儀圖（圖二）

而陽的代表符號是 ▬▬，又稱為陽爻；陰的代表符號是 ▬ ▬，又稱為陰爻，根據上述內容，其爻象演化如下圖：

名稱	說明	卦象圖			
無極	一切空無	空無狀態			
太極	陰陽混雜	氣體混沌狀態			
兩儀	陰陽二分	陽 ▬▬　　　陰 ▬ ▬			
四象	四種樣式	太陽　少陽　少陰　太陰			
八卦	八種型態	乾(天)　兌(澤)　離(火)　震(雷)　　巽(風)　坎(水)　艮(山)　坤(地)			

這就是八卦的由來，而占卜，係以上卦與下卦重疊之象論吉凶，來對應求問者的疑惑，故卦象總計為八×八＝六十四。如下表：

上卦 下卦	乾(天)	兌(澤)	離(火)	震(雷)	巽(風)	坎(水)	艮(山)	坤(地)
乾(天)	乾為天	澤天夬	火天大有	雷天大壯	風天小畜	水天需	山天大畜	地天泰
兌(澤)	天澤履	兌為澤	火澤睽	雷澤歸妹	風澤中孚	水澤節	山澤損	地澤臨
離(火)	天火同人	澤火革	離為火	雷火豐	風火家人	水火既濟	山火賁	地火明夷
震(雷)	天雷無妄	澤雷隨	火雷噬嗑	震為雷	風雷益	水雷屯	山雷頤	地雷復
巽(風)	天風姤	澤風大過	火風鼎	雷風恆	巽為風	水風井	山風蠱	地風升
坎(水)	天水訟	澤水困	火水未濟	雷水解	風水渙	坎為水	山水蒙	地水師
艮(山)	天山遯	澤山咸	火山旅	雷山小過	風山漸	山水蹇	艮為山	地山謙
坤(地)	天地否	澤地萃	火地晉	雷地豫	風地觀	水地比	山地剝	坤為地

而八卦所對應的意象，分列如下：

卦象	卦名	自然象徵	五行	先天八卦方位	後天八卦方位	對應家族關係	對應身體部位	對應器官
☰	乾	天	金	南	西北	父	頭	腦
☱	兌	澤	金	東南	西	少女	口	肺
☲	離	火	火	東	南	中女	目	膽
☳	震	雷	木	東北	東	長男	足	心
☴	巽	風	木	西南	東南	長女	股	肝
☵	坎	水	水	西	北	中男	耳	腎
☶	艮	山	土	西北	東北	少男	手	胃
☷	坤	地	土	北	西南	母	腹	脾

以上就是《易經》裡，八卦的由來，也是學習占卜者，必備的基本知識。

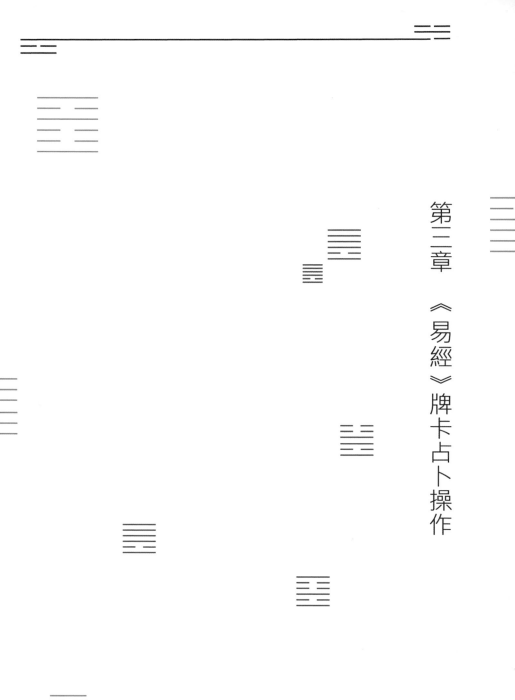

第二章　《易經》牌卡占卜操作

一、占卦前注意事項

1. 占卦時的環境：

以安靜、祥和為原則，最好於沐浴淨身更衣後始占。亦可點燃檀香等薰香幫助占問者，身心靈至平和狀態後始占問。

2. 占卦時的心情：

保持誠敬，心誠必靈。

3. 占卦的原則：

一事一卜，若要問兩件不同的事，則得分開占問。在同一時間要占問兩件以上的事情時，應於前一卦所有流程都完成後，再依同樣流程進行後一卦的占問。原則上，同一日內同一人以占問三個卦問為上限。

4. 關於牌卡：

牌卡是占卜用的重要工具，千萬不可隨意放置。一定要放在乾淨明亮的位子，如果你是習於占卜者，將牌卡隨身攜帶，培養與牌卡之間的默契，也會對占卜結果加分。

5. 可以占卜或卜卦的事情有哪些？

在做任何事情的決策之前，包括換工作、投資、感情、婚姻等，都建議可以卜卦，清楚明白真正的癥結所在，才能有效確實的解決問題。卜卦問事適合針對單一事件來詢問，如卜卦愛情、工作、感情、學業、健康等，了解接下來的吉凶、好壞，或者是該如何抉擇、解決，任何事情皆可卜卦問事，不需要生辰八字。不過一事一卦，涵蓋面較窄，且時效短，比較無法對長期未來的規劃，做完整的建議。

6. 占卜時該怎麼設置問題？

如果你的問題是選擇題，例如，想換工作，有A公司、B公司兩個選擇，不知那一個比較好。或者決定人事，你想指派的人選有兩個，但只能選一個。該怎麼問？這時候較好的問法是為每一個選擇都問一卦。

例如： A公司和B公司都去應徵並已收到錄取通知。兩家公司讓人難以選擇，你可以分別算一卦：

A：如果我決定到A公司上班，請問吉凶。

B：如果我決定到B公司上班，請問吉凶。

【占卦示範用語】

　　採坐姿，平心、靜氣，在心裡觀想欲占問之事，一事一卜。

　　若要問兩件不同的事，則需要分開占問。例如：「我目前在這家公司上班，未來還會高升嗎？」、及「我若和OOO結婚，此婚會不會幸福美滿？」這是兩件不同的事，要分開占問，不能混為一談。

【占卦示範用語】

　　採坐姿，平心、靜氣、在心裡觀想欲占問之事，如：「我OOO，謹以至誠之心感應天地能量，誠心卜問『我若和OOO結婚，是否會幸福美滿？』請示於卦中。」

二、占卜過程教學

易經牌卡占卜法：

1. 提問前：雙手放在牌上，心中冥想直至呼吸平順。

2. 提問方法：默念自己的姓名、出生年月日（須說明農曆或國曆）、現居地址，默念後，由牌卡下方抽出部分牌卡放在整疊牌卡上方，以這種方式洗牌八次（代表八經卦）。

3. 洗牌：心想自己想要占卜的事情，細節越明確越好。例如：我想投資東歐##基金五萬台幣，由##銀行的營業員###先生代為操作，請問吉凶？

4. 分二：將牌隨機分成兩堆，以象徵兩儀。不要刻意去分配牌的多少。做分二步驟中，分別口唸「太極生兩儀」、「兩儀生四象」。

5. 四象：分別將兩堆牌整理好，整齊堆疊在一起之後，再分別隨機切牌分為兩堆，總計成為四堆的牌，以象徵四象或四季。

6. 歸一：再將四堆牌隨機重新堆成一堆牌，完成時水平放在前面。在歸一的步驟中可以口唸「四象生八卦」，展開的步驟中唸「八卦現吉凶」。

7. 展開：將牌置於問卦者面前，輕輕抹牌使其散開並排列整齊。

8. 抽牌：問卦者隨機抽出一張牌，放在前方之後再翻牌。翻牌時以左右方向旋轉，不要以上下的方向。

9. 解卦：直接以每張牌上的「卦象」來解卦。或者查詢本書，找到相對應的一卦，閱讀說明即可。

數字易經選取法：

1. 提問前：雙手放在牌上，心中冥想片刻之後默念問題。

2. 提問方法：默念自己的姓名、出生年月日(須説明農曆或是國曆)、現居地址。默念後，心想自己想要占卜的事情，細節越明確越好。例如：我想投資東歐##基金五萬台幣，由##銀行的營業員###先生代為操作，請問吉凶？

3. 默念完上述資料後，請沉靜冥想五秒鐘以上，自然的從腦中抽取靈感，1.2.3.4.5.6.7.8之中，先後選出兩個數字。

4. 八個數字各自代表的卦如下圖

卦數	一	二	三	四	五	六	七	八
卦名	乾	兌	離	震	巽	坎	艮	坤
借名	天	澤	火	雷	風	水	山	地
卦象	☰	☱	☲	☳	☴	☵	☶	☷

5. 方才浮現的第一個數字為「上卦」，第二個數字便是「下卦」，上卦與下卦會組合成六十四卦的其中一卦，此卦便是説明當下占卜時有關該問題的客觀吉凶。

   例如：你選的數字為3.7，3為火，7為山，便會組合成「火山旅」的卦。

6. 解卦：直接以每張牌上的「卦象」來解卦。或者查詢本書，找到相對應的一卦，閱讀説明即可。

第四章 《易經》占卜的禁忌

不宜占卦的人事時地物：

1. 為避免時辰混亂而造成占卜結果有誤，每天晚上的23:30～00:30期間不宜占卦。

2. 行房後不可占卦，應另行沐浴淨身後，待心情平和時再占。

3. 應在桌上用端正的姿勢占卦，不可在床上及地上隨意占卦。

4. 不可在同一時間內連續再三占問同一問題。

5. 請勿以別人代占。

6. 精神狀態不佳時不可占。

7. 心存歹念之事不可占，凡欺詐、騙色、取不義之財、賭博等之事皆不可占。

關於事實問題

──既然是事實，就等著接受

事實的查證，應當盡人事去做，而不是該問卦；如果該等待，那你就等待。關於事實是什麼，《易經》通常愛莫能助。

　　《易經》的功能在於讓人「絜靜精微」，看事情更清楚、透徹而做出正更確或有意義的判斷，而不是告訴你一個無法改變的事實與結果。

第五章　易經牌解卦

乾為天

乾，元、亨、利、貞。

卦象解讀：

乾卦的本意代表「天」。元始、亨通、有利、貞正堅固，目前局勢正大通順，對於占卜的人有利。

易經象傳：

象曰：天行健，君子以自強不息。

解釋：天道運動不止，這就是乾卦的原意。所以君子必須自立自強以及勤奮努力，永無止息。

當前諸事：乾卦表示極陽，為純卦。卦象剛強有力，其特點為積極、剛毅、努力、堅忍、正派、慷慨、嚴律及名譽。總一般來說為吉象，若你現在為主管，一定相當負責任。若你已經開業當老闆，得此卦也屬吉象，但必須有一個好的助理。卜得此卦在近期內可望在升官、考試、升遷部分可以得到好消息。

考生運勢：考運佳，不論大型考試或國家考試，都可得到你想要的成果。

愛情家運：在這一段愛情裡，兩個人都很有想法，彼此也都是有能力的人，但因為雙方都較為剛強好勝，容易產生摩擦。建議在相處時應該換一個方式溝通，如果能為彼此多著想，一定可以為這段感情再次加溫。

事業大勢：卜得此卦者有地位擢升、名利雙收之象，然而是否能夠亨通，則有待良好的時機。現在的你運勢正旺，但要提醒自己做人必須低調，應在心態上持盈保泰，不可在言語行事間浮誇炫耀。

轉職開業：你目前的工作已經很好，若想要轉行者，則宜多考慮，是否對新工作放入了過高的期待。想要創業者，須踏實經營，必可大成。

身體疾病：最近可能有頭暈或偏頭痛的狀態，建議要放鬆心情，提早休息。

人生建議：卜得此卦者是相當優秀的菁英分子，行事光明磊落，善於領導統御。不過正因為對自己頗有自信，建議你要學會寬以待人，擇善固執也要注意人和，唯有常懷戒慎恐懼之心，才能持盈保泰。

周易第二卦 坤卦

坤為地

坤，元亨，利牝馬之貞。君子有攸往，

先迷，後得主利，西南得朋，東北喪朋，安貞吉。

卦象解讀：

坤卦代表「地」。元始，亨通，利於像母馬一樣持守正固。占卜者有所前往，如果搶先居首就會誤入歧途，如果隨於人後就會有人做主，這樣必有利益。行往西南方（正道）就會得到朋友，行往東北方就會失去朋友。持守正道的人可以得到平安。

易經象傳：

象曰：地勢坤，君子以厚德載物。

解釋：易經坤這個卦的原意代表大地寧靜安定的靜處。君子必須在這個時候，用寬厚的美德容納世間萬物。

當前諸事：此卦象徵母親，坤卦的特色是柔順而付出，有事事和順之意。但建議不要過於委曲求全，而沒有了自己的想法和觀念。目前運勢小吉，事情若是慢慢來，以靜制動，可以成功；若想要急切的積極進取反而達不到想要的目標。

考生運勢：對於考試來説，需要更努力的付出，不能只是靜靜的翻書而已。

愛情家運：若你已婚或有伴侶，目前的狀況非常穩定，建議你可以在生活中給對方一些小驚喜，讓這段感情更加溫，兩人相處時平順之外更開心。若你有想要追求的對象，則可以嘗試慢慢培養感情，若是能溫和的堅持，無怨無悔的付出，就能傳來好消息。

事業大勢：如你是領導人，需沉潛一陣子，此時為產業過渡期。若你目前正在尋找工作，你可以找到一個照顧你的老闆，但這個新的職缺容易讓你覺得食之無味，棄之可惜。若你已經有一份穩定的工作，則較適合擔任副手，不適合當決策的人。

轉職開業：轉行者此時不是最好的時機，應該要再謀劃更久，等籌備妥當後再行決定。如創業者，必須要與專業專才相關，累積長時間的口碑後，後勢會看好。

身體疾病：容易感到腹部不舒服，建議要趕快到醫院做精密的檢查。

人生建議：卜得此卦的你是一個溫和又有包容力的人，喜歡關心身邊的人，內心時常有許多小劇場，易優柔寡斷。對於立定志向想做的事，應該要持之以恒，堅持到底，則可成功，若是過於積極，在人前表示出急躁與憤怒的樣態，便容易失敗。

水雷屯

屯,元亨,利貞,勿用有攸往,利建侯。

卦象解讀:

屯卦象徵「創始的艱難」。至為亨通,有利於居中守正,不適合急於拓展,首先要建國封侯。

易經象傳:

象曰:雲雷,屯。君子以經綸。

解釋:水雷屯原意為「烏雲和雷電交互運作」,這象徵初生,局勢艱難。君子應懂得如何在國家草創的艱困時局,努力經營謀略天下大事。

當前諸事：屯的卦象代表陰陽在艱難當中孕育生機，正可謂凡事起頭難。屯的字形就像是剛冒出頭的小草，脆弱易折，表示你現在的狀況混沌不明，但不要灰心，只要努力轉圜，小草還是有機會變大樹。屯卦便是要鼓勵人們即便是在困境裡都要懂得暫停腳步，為自己積存未來的勇氣與能量。

考生運勢：考試的內容困難，以致成績不盡理想。

愛情家運：若你有固定伴侶或家庭，最近可能有阻滯或是溝通不良的狀況出現，只要能夠改變看事情的角度，你們之間就會更加美滿。若是單身者或有正在追求的對象，戀情的開始可能會有好事多磨的現象，希望你有風雨生信心的勇氣。

事業大勢：目前事業多少有困難，應多注重實力與基礎的培養，然後小心翼翼地往前進，若近期內無法擺脫困境，則應該退守保全自己的利益，最等待好的時機出現，再次獲得利益。

轉職創業：舊工作讓你心煩，但新工作也不見得合意。若創業會經歷波折，宜多考慮。

身體疾病：有可能發現腎臟部位或神經系統的疾病，手腳四肢也要多注意。

人生建議：卜得此卦者是一位纖細敏感，又容易緊張的人。如果能夠屯積實力，並得到賢明人士的幫助，相信未來仍是無可限量。若你卜出此卦，凡是更應該小心謹慎，建議此時勿輕舉妄動，要聽從智者的建議，才能夠逢凶化吉，化解兇運。

04
周易第四卦 蒙卦

山水蒙

蒙，亨，匪我求童蒙，童蒙求我。初筮告，再三瀆，瀆則不告，利貞。

卦象解讀：

蒙卦代表「啟蒙」。對於占卜的人來說，並非我去要求幼童來啟發幼稚與蒙昧，而是幼童來求我啟發他。初次問筮，我將告知以吉凶，反覆問筮，則是不敬神靈，沒禮貌就不會告知答案。但還是吉利的。

易經象傳：

象曰：山下出泉，蒙。君子以果行育德。

解釋：高山下奔湧出泉水，這便是蒙卦的意思。君子應該果斷的決定自己的
行動，培育美德。

當前諸事：卜得此卦者表示此時易犯小人，需要遇到好的啟蒙老師，聽取良好的建議，才能讓問者的心智受到啟發。千萬不可一意孤行，若是過分固執，可能有壞事。氣運不發，心情鬱悶，須多忍耐，時機會越來越好。

考生運勢：考試容易因為對內容的不瞭解，而無法得到好成績。

愛情家運：如你有穩定對象或家庭，兩人價值觀相異，應該多體諒多包容，才能使家庭生活更加美好。有心儀對象者，必須考察對方真實的品格與性情，不能因為金錢而做出影響終生的決定。

事業大勢：卜得此卦者喜歡追求新的知識，做事謹慎小心，對下屬要求較嚴厲，需注意交友狀況，避免受朋友的拖累蒙蔽。事業若是初期開始，可能在茫然中造成危機四伏，因此需要接受嚴格的領導或教育才能扭轉形勢，激起奮發的精神。若是求職務必要表現出堅定認真的一面，不要急功近利，更切忌好高騖遠的心態。

轉職開業：所謂一動不如一靜，保守為佳。此時不宜開業，應對專業技能再琢磨鑽研。

身體疾病：卜得此卦者病痛容易反覆，建議去做詳細的健康檢查。

人生建議：卜得此卦者是一個天資聰穎的人，若你時常覺得懷才不遇，容易陷入迷惘的處境，建議你一定要拋下懷疑的心，向有經驗的人請教解決事情的方式。但請教他人前請先做好功課，千萬不要犯了問了也聽不懂答案的大錯。

周易第五卦 需卦

水天需

需，有孚，光亨，貞吉，利涉大川。

卦象解讀：

需卦代表「需要等待好時機」。從卦兆的顯示來看，占得這個卦代表需要心懷誠信，才會光明亨通，有利於占卜的人持守正道，涉渡大河。

易經象傳

象曰：雲上於天，需；君子以飲食宴樂。

解釋：雲在天上，代表等待下雨，這就是需卦的原意。君子在這個時候需要飲食、宴飲，在等待的時候積存力量。

當前諸事：此卦象徵水氣還在天上，尚未成雨。此卦告誡卜卦者靜候時機的
重要。想要問事情的發展好壞與否，皆是時機未到，一定要耐心
等待，如果急進躁動，則有可能發生凶險之事。謙和待人，自然
會有貴人相助。

考生運勢：考生需要提早準備，用時間累積實力，當下成績不會太理想。

愛情家運：已婚者要懂得放下自己心中的成見，體諒對方的辛勞，定能得到
對方的熱情相待。有固定交往對象者，此時不利早婚，需要培養
更穩固的感情，才會有進入家庭的共識。如你是單身者，要有耐
心觀察對方，體貼對方的需求，才會有好消息出現。

事業大勢：卜卦者在職場上謙恭有禮，是一個有能力的人，但目前職場上還
沒有適當的機會可以讓你大展身手。你要對自己有自信，臨危不
亂的處理接踵而來的事情，越是接近成功時，越是要戒慎小心不
要被流言蜚語所干擾。如果時間允許，建議多學習第二專長。

轉職開業：轉職者目前不要急著下決定，越著急只會做出違背利益的決定。
開業者需要付出加倍努力，可在一段時日後看到一些成績。

身體疾病：卜得此卦者易有頭暈不舒服或晚睡的現象，若是拖延恐有病情延
長之象。

人生建議：卜得此卦者企圖心非常旺盛，擁有雄心壯志，即便現在沒有遇到
伯樂，但只要懂得累積實力，一定有大展鴻圖的一天。雖然你面
臨的可能是多事之秋，但一定要有耐心的用智慧解決，千萬不可
以投機取巧，冒險躁進。

周易第六卦 訟卦

天水訟

訟，有孚，窒惕，中吉，終凶，利見大人，不利涉大川。

卦象解讀：

訟卦代表「爭訟」。從卦兆的顯示來說，問卜的人應該隨時保持憂懼警惕，事情發展的開始以及前半段會順利，但後半段和結局會不好。有利於會見王公貴族，涉險渡大川不利。

易經象傳

象曰：天與水違行，訟。君子以作事謀始。

解釋：天氣上出，水氣下流，兩者背相而行，這便是訟卦的意思。君子應當懂得作事就應該在一開始就要規劃好，從最初就要消除可能引起的爭端。

當前諸事：訟卦象徵天在上，水在下，這是既剛強又要面臨不定的心情或狀態，因此容易發生爭訟。此卦雖有利可圖，但必須要警惕警戒，不可固執，任何事情要考慮到情理，因為只要發生了爭訟，都容易兩敗俱傷。

考生運勢：容易處在一個以為自己準備好了，但實則實力不足的狀態。考運不佳，千萬不可想著要做弊通過。

愛情家運：有固定對象或伴侶的人，會因為對方的固執而產生意見不合的狀態，即便發生爭吵，你的心裡還是非常為這個家庭著想。若是單身者，此時是多事之時，你與傾心的對象若是能溫和的相處那還能慢慢走下去，只要有一方過於固執己見，都容易發生爭論。

事業大勢：卜得此卦的人在初期可看見獲利，但長久會因為剛愎自用又愛面子引起爭議。若遇到有爭議不平的狀況，最好請一位公正的中間人調解。

轉職開業：轉行不小心會同時得罪新舊東家。開業不是好時機，尤忌合夥，宜多三思。

身體疾病：近來容易因為頭暈而不舒服，請醫師多就腎臟與血液循環系統之相關疾病進行檢查。

人生建議：卜得此卦者平日愛面子，佔有慾跟事業心都非常旺盛。要記得「和氣生財，吃虧也是福」的古諺，切勿追求不屬於自己的地位或是錢財。若一意爭取，既使贏了，結局也可能招來小人的陷害或是其他禍害。

周易第七卦 師卦

地水師

師，貞，丈人吉，无咎。

卦象解讀：

師卦代表「聚集、軍隊」。占得師卦意思是占問總指揮的軍情，守持正固，就沒有災禍。賢明有德性的長者或統帥占問則吉，沒有災害。

易經象傳

象曰：地中有水，師。君子以容民畜眾。

解釋：地中有水，為師卦的原意。君子應當效法它，以容納和蓄養民眾，如此一來，才會有更多的士兵可用。

當前諸事：此卦象為水在地下，故引起眾人爭奪。師卦表面平和，實則暗藏
　　　　　凶險。卜卦者此時責任重大，凡事都要遵循法理，再加上集結同
　　　　　儕的能力，必能師出有名，得到智者的襄助，打敗一切困難。

考生考運：考生若得此卦，表示你此時非常用心準備，一定要繼續努力，才
　　　　　會有好的成績。

愛情家運：若你已有伴侶或穩定交往對象者，要記得對這一段感情專注而慎
　　　　　重，切勿因為外界的事務而迷亂了心智。若你是單身者，更不要
　　　　　不小心的介入了他人的關係，造成難以處理而爭論不斷的狀況，
　　　　　慎防感情引起的生活波瀾。

事業大勢：若你是新手在職場上難獲得長官青睞，或是能力強卻不被重用。
　　　　　若你在職場已有一定的資歷，想必你的責任重大，可以試著做出
　　　　　令人耳目一新的行銷活動，加強部門之間的溝通，就能創造出一
　　　　　番新局面。

轉職開業：求職改轉職都需貴人介紹或幫忙，創業者須待時機行事，千萬不
　　　　　能貿然行事，所創事業要有長期看好的實力方可投資。

身體疾病：若有拖了很久的病症，卜得此卦則有解。

人生建議：卜得此卦者其實很在意別人的看法，因此內心比任何人都更渴望
　　　　　成功。地水師是一個講求實力、毅力，跨越困境的卦，若你目前
　　　　　正面對艱鉅的任務，只要你能遵從卦象給你的建議，相信你一定
　　　　　能克服險境，為自己贏得地位與掌聲。

水地比

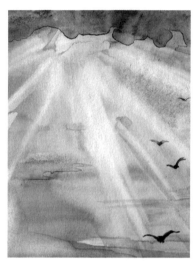

比，吉，原筮，元永貞，旡咎，不寧方來，後夫凶。

卦象解讀：

易經比卦象徵「依附」。占到水地比是吉利的。依附或輔佐有德的君主，永遠的持守正道，這樣就沒有災害。不安分的小國紛紛前來歸附，緩緩來遲的小國諸侯就會有凶險。

易經象傳

象曰：地上有水，比。先王以建萬國，親諸侯。

解釋：地上有水，這就是水地比的意思。「大地上有水，水又浸潤大地。」

　　　先王看到這個卦象明白後，分封土地，建立國家，安撫親近各諸侯。

當前諸事： 此卦象強調的正是相輔相依的道理。卜得此卦者若是能在此時積極努力經營好下級對上層的關係，就能讓事情發展得更為順利。若你能擁有好的人際關係，必有位高權重的貴人相助。

考生運勢： 卜得此卦的考生，建議找優良的戰友一起奮鬥，共同制定複習計畫，就可以在群策群力之下金榜題名。

愛情家運： 若你有伴侶或穩定交往的對象，應該要主動表達自己的想法，並施以小惠討好對方，不可因為相處久了就怠慢對方。若你有心儀的對象，則應向對方訴說你的衷情，因為你們兩相情悅，能夠擁有好姻緣。

事業大勢： 卜得此卦者表示此時的事業可以持續發展，並且有好的利潤，但這個事業需要跟他人保持密切且優質的合作，講究商業道德。若有新的事業可以投資，亦可得到親密的伙伴相助，但若是唯利是圖，貪心不足，就容易招致損失。

轉職開業： 求職或轉職者需要有貴人或友人的介紹，才有機會得到比較好的職位和薪資。開業者事業有成，易有貴人相助。

身體疾病： 血氣不順，容易為腹部的疾病，但這只是初期的病徵，應快求醫診治。

人生建議： 卜得此卦者能夠積極表現在外，當仁不讓，不落人後。對自己的表現也應嚴格要求，不要見風轉舵，要理智做出做出好的決定。更要審慎的選擇朋友，不能與品性不端的人有任何牽扯，以免被惡友所拖累。

09

周易第九卦 小畜卦

風天小畜

小畜，亨，密雲不雨，自我西郊。

卦象解讀：

小畜卦象徵「小的積蓄」。占得小蓄卦，代表亨通。濃雲從西郊吹過來，但是卻沒有看見下雨。

易經象傳

象曰：風行天上，小畜。君子以懿文德。

解釋：風行於天上，為小畜的意思。君子應修好文明美德。時候未到，君子必須多加油，用心做好文章，等待發達的好時機。

當前諸事： 卜得此卦者對未來充滿不確定感，若是能放下過於遠大的目標，勇敢的活在當下，會讓生活更為平順。風天小畜僅堪稱小吉卦，因此面對現象不可急著想要改變，更不可事事貪大。

考生運勢： 考生卜得此卦則要更用功，因為你讀的書並沒有你想像的多，準備得還不夠充分。

愛情家運： 若你已有固定伴侶者，在這段關係中是女性較為強勢，雖然偶爾有小口角，但兩人相處還是開心的，建議女性對待另一半需要更溫柔體貼。若你有心儀的對象，則要耐心追求，培養好的相處感覺，等待對方慢慢敞開心房接受你的心意。

事業大勢： 卜得此卦者若是想在此時發展新的專案，會覺得壓力很大，甚至困難重重，有許多口舌是非。但你不需要沮喪，只要堅持原則或是加強團隊合作的契機，就能夠雨過天晴。其實你的現況已有80分，有著越來越好的景況。

轉職開業： 雖然你可能已經小有積蓄，但不建議你貿然創業或轉行，應做好許多準備與市場調查，才能有好的結果。

身體疾病： 卜得此卦者有晚睡的現象，因此感冒或肝火旺的現象常生，建議早點休息。

人生建議： 卜得此卦者在工作及愛情上都希望追求更好的景況。若求卦者為女性，建議收斂脾性，不要對自己或別人要求太高，即便是在工作上對部屬有要求也應該適可而止，才能讓你的團隊往後更願意輔助你。

10

周易第十卦 履卦

天澤履

履，履虎尾，不咥人，亨。

卦象解讀：

履卦象徵「小心的行走」。卦象説明跟在老虎的尾巴後面，但是老虎卻沒有咬人，這是吉利的。

易經象傳

象曰：上天下澤，履。君子以辯上下，定民志。

解釋：天在上，澤在下，這就是履卦的原意，這代表尊卑有別。君子應該取法它以辨別尊卑、上下和高低的道理，端正百姓的循禮意志。

當前諸事：履卦說明大家都在正確的位置，因此呈現小吉利的狀態。卜得此卦者需要反省自己，對同儕和長輩不可以有輕侮怠慢，面對大事更要小心翼翼，有危急之事也能平安度過。

考生運勢：考生若是能以如臨深淵、如履薄冰的態度準備，便有希望過關。

愛情家運：如你有穩定的對象，初期生活較為奔波勞苦，但有如倒吃甘蔗，這要兩人相互以禮待之，則和氣可生財，過些時日就能有穩定安樂的生活。如果你有想追求的對象，一開始也許會覺得阻礙多，但若能拿出誠心，就有機會得到對方的青睞。

事業大勢：卜得此卦者在工作上必定先勞後逸，諸事都要小心慎重，不能貪得無厭，違反商業道德。做事要低調謙恭，注意分工與份際，否則很有可能在後期出現差錯。

轉職開業：此時想要改行或是開業都不適合，對現況不要太浪漫的幻想，做任何決策都要步步為營。

身體疾病：近來容易在口腔或牙齒有不舒服的現象，但若能找到好醫師慢慢調養，治療後就又生龍活虎。

人生建議：卜得此卦者才氣滿身，講信用也講道義，但因脾氣固執諸事必需謹慎小心，否則不利的狀況可能在不經意中出現。若是卜卦者之前有向任何人允諾，都不能忘記要履行承諾，得此卦時為憂慮中等待希望，切莫過於自負逞強，能夠謙虛反省或是請教於長者，都能對自己有很大的幫助。

11

周易第十一卦 泰卦

地天泰

泰，小往大來，吉，亨。

卦象解讀：

泰卦象徵「達泰」。占得泰卦，不好的事情離開，好事到來了，吉祥亨通。

易經象傳

象曰：天地交，泰，后以財成天地之道，輔相天地之宜，以左右民。

解釋：天氣和地氣交和，為泰卦的原意。君王應該取法泰卦的原意，去制定
　　　符合自然規律的各項規定，幫助人們認識如何適應自然，使天下百姓
　　　安居樂業。

當前諸事：此卦代表萬事亨通、三陽開泰，每一件事情都有很好的開頭。此卦代表你能夠否極泰來，想做甚麼可以趕緊行動。凡事宜求內在的豐碩，不求外在虛華的外表，若是過於美化現況，恐會樂極生悲。

考生運勢：若你是考生，此時聚集天時、地利、人和，上榜有望。

愛情家運：若你已經有固定的伴侶，此卦表示家庭和合美滿，不過正因為處在濃情蜜意中，不能隨意任性。若你有心儀者想要追求，此時建議你可以大膽說出你的愛意，因為你們其實情投意合，是天生一對，但千萬不要對對方期望過高，因為人都不是十全十美的。

事業大勢：卜得此卦者此時在事業上交遊廣泛，積極主動，又能接受他人意見，是大家期待的明日之星。不過做事業必須堅持由小而大，循序漸進，尋求更多有意義的幫助；更要積極開展新的版圖，若不思進取，就容易被後輩挑戰。

轉職開業：若你想要改行或開業，地天泰都是順利亨通之象，儘管放手去做吧！

身體疾病：容易頭暈或頭痛，但無大礙，有一些不舒服是幻想出來的擔心。

人生建議：卜得此卦者聰明又要求完美，但做事一定要比他人更加小心謹慎。若你是上級者，對於事業的發展應當防患於未然，杜絕小人。若你是員工則表示上位的人和下位的人能夠互相溝通而意志相合，對你來說，很可能有貴人提拔，讓你在事業上更加順利。

12

周易第十二卦 否卦

天地否

否，否之匪人，不利，君子貞，大往小來。

卦象解讀：

否卦象徵「封閉、閉塞」。占得否卦，不利於君子占問，君子必須堅守正道。
這個卦代表事情將要由盛轉衰。

易經象傳

象曰：天地不交，否。君子以儉德辟難，不可榮以祿。

解釋：天氣和地氣沒有交和在一起，這就是否卦的原意。君子在這時候應該
　　　內斂與勤儉才能避開危難，不可以榮顯於外以及貪於祿位。

當前諸事：天地否卦象說明天地之間閉塞不通，人與事之間有嚴重的溝通問題。上位者和下位者沒有互相溝通。此時上位者若是不能停止錯誤的政策退讓協商，恐怕會招致更危險的災難。

考生運勢：若你是考生，要特別注意是否準備錯了方向，要停下腳步，跟指導你的老師多討論商量。

愛情家運：若你已有固定伴侶，卜得此卦需要更加耐心的鞏固關係，因為你們的觀念與想法可能在長久的生活中各行其道，彼此無法相互溝通，希望你們能好好的坐下來，傾訴彼此的想法，並找到共識。若你有追求的對象，要特別注意對方的品行，是否值得你認真付出。

事業大勢：若卜得此卦為上位者，目前的你不清楚事業的問題出在何處，甚至固執不知改變，雖然大家都在同一間公司卻是各行其道，只要願意改變，一定會比現在更好。若卜得此卦者為職員，表示出現強勁的競爭對手，必須小心應對，否則恐不利於日後的發展。

轉職開業：轉職者不宜，目前應守舊為上。創業者目前時間不宜。

身體疾病：容易感覺四肢無力或頭暈頭痛，做事都要特別小心，慎防血光之災。

人生建議：卜得此卦者聰明伶俐，但卻在人際關係上出了問題。只要你願意檢討改變，一定能比現在更好。需要注意溝通能力上的問題，試著將自己的意見更圓融的表達出來。

13
周易第十三卦 同人卦

天火同人

同人，同人于野，亨，利涉大川，利君子貞。

卦象解讀：

同人象徵「同心協力」。卜到同人卦，眾聚人在郊外，和睦相處，將行亨通之事，利於涉水渡河，利於君子堅守正道。

易經象傳

象曰：天與火，同人。君子以類族辨物。

解釋：天在高處，火勢又大，天和火親合相處，君子要明白，物以類聚的道理，明辨事理，團結眾人治理國家。

當前諸事：卜得此卦象者說明，目前容易找到志同道合的人從事一番志業，
即便中間有阻礙，只要眾人齊心，其利斷金。得此卦應該要好好
掌握時機，刻苦努力，取得大家的認同，建立廣泛的人脈關係，
成功便指日可待。

考生運勢：考生卜得此卦，可在老師與同儕的幫助下，得到耀眼的好成績。

愛情家運：若你已有穩定的伴侶，占得此卦表示家裡和樂融融，更有得到意
外之財的運氣，應該把握此時的好機會，讓家運更上一層樓。若
你此時單身，認識異性朋友的機會大增，但需要慎重選擇。若你
有心儀的對象想要追求，則能有情人終成眷屬，若是有相同的興
趣更能開心的在一起。

事業大勢：卜到此卦者若以真誠的態度與同事共事，在公平的原則之下，必
能獲得自己的利益。遇到任何問題都要找人幫忙，找到貴人相助
可讓事情的結局更圓滿，應掌握時機發展版圖，心中不可存有私
情小愛，才能展現出更高的格局。

轉職開業：改行者能得到貴人的幫助。開業者，以合夥生意最能獲利。

身體疾病：注意心臟與血壓，若是有血光之災只是小事而已，沒什麼大礙。

人生建議：卜到此卦者樂觀開朗又有領導才能。建議把握優點發展自己的前
途與事業，但與人合作應當要對雙方有信心，更要展現誠信與心
胸氣度，不可以猜忌或以小人之心臆測他人，否則可能出現意料
之外的阻撓與障礙。拿出你的魄力與擔當，奮勇向前，就能擁有
一定的成功。

14

周易第十四卦 大有卦

火天大有

大有，元亨。

卦象解讀：

大有卦象徵「大有收穫」。占到這個卦，代表大通順。

易經象傳

象曰：火在天上，大有。君子以遏惡揚善，順天休命。

解釋：易經火燭（太陽）高高懸掛於天上，這就是火天大有的原意。君子應
　　　該遏止不好的事情，宣揚良善之事，順應天道，保護萬物。

當前諸事：此卦象徵太陽在天上散發光和熱，可以造福大眾。但此卦大吉不是人人可得。萬事亨通，運氣如日中天，但因此也要告誡得卦之人，雖然此時旺盛昌達，但須防物極必反，切勿驕矜壞事。

考生運勢：若你是考生，此時考試一切順利，佳績可期。

愛情家運：卜得此卦者此時家運正在高峰，可以投資置地，夫妻時時處在熱戀的氛圍當中，但須節制對另一半無條件的好，以防不對等的付出。若你是單身者卜得此卦，這象徵你現在非常有異性緣，但需要加倍慎重對象。若你有心儀的對象想要追求，則要考慮雙方家庭是否門當戶對。

事業大勢：你的事業目前進入興旺的階段，擺脫以前的束縛，吉星高照，事業順利，你想要的願望幾乎都可以實現。但要注意觀察市場的動向，隨時調整政策，更要克制貪財的心理，真正做到滿而不溢，便可以邁向更高的位階。

轉職開業：意欲轉職者可獲高薪或是被好公司挖角，開業者名利雙收，如選在夏季開業者更佳。

身體疾病：本身氣場太強，因此容易有頭暈、火氣大的症狀，但無所大礙。

人生建議：卜得此卦者具有組織能力與衝勁，非常適合擴展事業版圖。大有是非常好的一卦，表示在近期內的萬事都順利而亨通。建議保持低調，不要炫耀或瞧不起他人，才能持盈保泰。

15
周易第十五卦 謙卦

地山謙

謙，亨，君子有終。

卦象解讀：

謙卦象徵「謙虛」。占得謙卦，亨通，君子將會有所成就。

易經象傳

象曰：地中有山，謙。君子以哀多益寡，稱物平施。

解釋：地中有山，這就是地山謙的原意。君子應該減損有餘然後補齊不足之
處，衡量各種事物的多寡然後給以公平施予。

當前諸事：謙卦要我們對任何人都謙和有禮，就能夠得到他人的幫助。謙卦除了警醒眾人謙虛之外，還要懂得面對壓力！因競爭的世代裡，踩著別人往上爬是很常見的事情，雖然一時不得志，但是意氣風發之時，指日可待。

考生運勢：考生可用謙虛的態度去向老師及同儕請益，一定可以得到好的成果。

愛情家運：若你已經有穩定的對象，也許會覺得近來兩人的相處過於平順煩悶，因此需要多表達心裡的感受。若你已有心儀之人想要追求，要以溫和謙恭的態度追求對方，讓對方被你的柔情所打動，則良緣可成。

事業大勢：卜得此卦若為職員，因有能力有品德，終究會為人所重用。若你想經商開業可以順利，但不會立刻獲得暴利，因此更需要小心謹慎，不要佔他人便宜，未來的成功可以期待。

轉職開業：轉職可平安，但不可過於焦急或驕傲，且職位或薪水不會比現在優渥。創業者最好以小本經營開始，不適合做大決定或開展大型事業。

身體疾病：建議可以到戶外多運動，吸收陽光的能量。慎防舊病復發，尤其是腹部與背部的不舒服都要多加觀察。

人生建議：卜得此卦者要相信持之以恆的努力，保持謙遜好學的精神，更大的成功一定在不遠的未來等待你。建議可以良善的生活安排及金錢，並跟上時代變遷，將來必可欣欣向榮。

16

周易第十六卦 豫卦

雷地豫

豫，利建侯行師。

卦象解讀：

豫卦象徵「喜悅」。占得豫卦，利於封侯建國，也利於出兵打仗。

易經象傳

象曰：雷出地奮，豫。先王以作樂崇德，殷薦之上帝，以配祖考。

解釋：雷出地動，春雷震動，這就是豫卦的意思。先王效法雷鳴地震使大地
　　　復甦的自然現象，製作音樂以尊崇文德，用盛大的儀禮，來隆重的祭
　　　祀天帝還有祖先。

當前諸事：此卦象象徵驚蟄一聲雷，萬物回春之象，占得此卦者需注意順應
眾人之意去行事，則諸事可成。要記得提醒自己在日常生活和工
作中，積極而穩重的處理事情，並樂於助人。

考生運勢：若你是考生，因為準備充分，此時你是帶著喜悅的心情去應試，
故可獲得好成績。

愛情家運：若你已有穩定對象，這一段時間都與對方如膠似漆，感情狀況很
好，但男方在外要避免爛桃花的騷擾。若你是單身，近來桃花頗
旺，異性緣佳。若你有想要追求的對象，只要真心相待，就能抱
得美人歸。

事業大勢：此卦象提醒你，此刻雖然事事順利，但要經營的是長期事業，不
能短視近利。建議要抓緊機會，建立人脈基礎，樹立遠大可追求
的目標，不可因事業的順利而放鬆謹慎的態度，陷於歡逸懶散，
否則將後悔莫及。經商方面需要嚴格要求自己努力上進，不能因
有點成績而驕傲滿足。

轉職開業：新工作將會激起你久違的鬥志，越是新穎的事業越是大有可為。
開業者必須要經營的智慧，才能在穩健中求成長。

身體疾病：注意腹部與腎臟的疾病，多喝多水運動，維持健康的生活習慣。

人生建議：卜得此卦者既穩重又有領導他人的能力，精於籌謀計畫，可得長
官及貴人的幫助。如果公司有任何專案，你可以愉悅的態度與人
交流，便能得人和。

17
周易第十七卦 隨卦

澤雷隨

隨，元、亨、利、貞，无咎。

卦象解讀：

隨卦象徵「隨和」。占得這個卦代表至為亨通，利於持中守正，占問有利，沒有災害。

易經象傳

象曰：澤中有雷，隨。君子以嚮晦入宴息。

解釋：澤中有雷，為隨卦的原意。君子應當順著自然的規律，白天工作，傍晚時入室休息。

當前諸事：隨卦有隨順、跟隨之意。建議你應虛心從他人身上學習長處，若你有所增益，他人也會跟隨並尊重你的決定，切勿讓別人覺得你太隨興，失去處世的原則。

考生運勢：若你是考生，能夠跟隨老師給你的良好建議好好複習，或是模仿學長、姊的成功模式，考試的成績就會很理想。

愛情家運：若你已有穩定的對象，目前雙方感情很好，夫唱婦隨。建議切勿重於情慾，對對方也不要過於依賴。若你現在單身，應該試著了解自己喜歡什麼，不要在他人的催促下乾著急。若你已經有心儀的對象，雙方情投意合，此時追求容易成功。

事業大勢：建議卜得此卦者最好跟隨上司的決策行事，不要有對成敗有得失心。建議善於和他人合作，事業便能慢慢撥雲見日。若你是自行開業者，為了取得更進一步的成功，要花心力向比自己優秀的人學習，才能在競爭中應保持清醒而獲勝。

轉職開業：此卦問轉職雖吉，但要和氣待人，可以得到貴人提拔。開業不適合單純靠自己，可以跟大公司合作或是成為小股東，比較能得到安穩的進財。

身體疾病：身體無大礙，只須限制腦子裡許多天馬行空的無稽想像即可。

人生建議：卜得此卦者腦筋動得快又善於策畫，是老闆重要的左右手，但務必注意做事的處事原則，不可過於攀附，不然後路恐怕有災。建議重視人際關係，要做到捨棄自己固執的定見，如此一來事事皆能順心。

18
周易第十八卦 蠱卦

山風蠱

蠱，元亨，利涉大川。先甲三日，後甲三日。

卦象解讀：

蠱卦象徵「整弊」。占得蠱卦代表通順，利於渡涉大川，不過，在做大事以前要考察現況，做大事以後要有治理措施，預期結果。

易經象傳

象曰：山下有風，蠱。君子以振民育德。

解釋：高山下有風在吹動，這就是蠱卦的意思。蠱代表腐肉裡的小蟲，象徵
　　　腐壞、需要改革。君子應該整弊治亂，端正民風，並且培育道德，糾
　　　正時弊。

當前諸事：山風蠱的卦象在警示眾人，卜問的該事問題已經存在一陣子，且已經出現腐敗的現象，需要被大力整治。山風蠱表示人的心智已被迷惑，一時心神錯亂招致災厄。

考生運勢：如果你是考生，容易因為認識酒肉朋友而耽誤，難有佳績。

愛情家運：若你已有固定對象，兩人之間易發生爭吵或煩心之事，如兩人不澈底改變相處之道，將會發生大爭執，甚至有破財之象。年輕男女要特別避免不倫之戀，男子在外易受到外界蠱惑，導致生活關係複雜，若是到處留情，終會自食惡果。若女性卜到此卦，一定要多觀察你的對象。

事業大勢：卜得此卦者運氣正處於低迷狀態，諸事不順又鬱悶。此時一定要停下腳步，思考事業無法升起的原因，宜向高明的人請教挽救之法。占得蠱卦的者建議學會「自我診斷」，找出真正的錯處，必加以改善。

轉職改行：從這個卦象來說，轉職現在不利，容易掉進被利用的陷阱。開業者要重新思考投資方向，倉促的決定容易破財。

身體疾病：身體常常覺得疲倦，容易四肢無力，時常感冒。

人生建議：蠱卦表示一種積弊已深的狀態，此時諸事不如意、無法有新的進展，氣運不順。若你是有志之人，越是困難越應該鼓起勇氣，大刀闊斧加以革新，無論是從事的行業或是生活方式與態度，都應該慎自檢視，予以改善。

19

周易第十九卦 臨卦

地澤臨

臨，元、亨、利、貞，至於八月有凶。

卦象解讀：

臨卦象徵「君主親臨」占得這個卦，至為亨通；但是到了農曆八月則會有凶險。

易經象傳

象曰：澤上有地，臨。君子以教思无窮，容保民无疆。

解釋：澤上有高地，這就是臨卦的原意。君子應當對百姓努力不懈的教化和督導，並且廣泛的保護民眾。

當前諸事：卜得此卦者近期運勢漸增，做每一件事情都能得心應手，在職場
上表現傑出受人關注，亦有貴人提攜。若你是在上半年度卜得此
卦，易經便是在警惕你，若好的事情無法親自督導，到了八月（
農曆）恐會有壞事。但若你能抱著持續衝刺的鬥志，將會獲得成
功。

考生運勢：若你是考生，上半年的考試都能得心應手，讓人望塵莫及。

愛情家運：若你已有固定對象，兩人相處幸福圓滿，但為了雙方好，應學習
溫柔的對待對方，否則容易有兇險。若為單身者，追求愛情不可
急躁，會有貴人介紹好對象。如你有正在追求的對象，應拿出誠
心構建未來的藍圖，就能擁有美滿、和諧的生活。

事業大勢：此卦的含義就是長官對屬下的督導與教導。雖然現況極佳，但是
隨著我們所臨對象的不同，如何正確處理自我與他人，甚至是要
求自己工作的品質，是求卦者在事業上的主要課題。

轉職開業：此時轉職順利，好機會瞬息即逝，千萬要好好把握機會。開業者
會有貴人相助，非常吉利。

身體疾病：身體狀況不錯，僅容易有腸胃不適的小問題。

人生建議：卜得此卦者人緣很好，喜歡幫助他人，若能對所占事情更用心，
便可見到順遂的前程。這個卦義有警惕人心的意味，因成功者要
能體察他人的疾苦，居安思危，嚴格的要求自己，越是志得意滿
越容易產生問題，日後可能的衰敗下伏筆。

20

周易第二十卦 觀卦

風地觀

觀，盥而不薦，有孚顒若。

卦象解讀：

觀卦象徵「觀察」。占得觀卦，潔淨雙手觀看祭祀的盛大儀式，心中懷有誠敬又肅靜的情緒。

易經象傳

象曰：風行地上，觀。先王以省方觀民設教。

解釋：風行於大地之上，這就是觀卦的意思。先王因此巡察各國，考察民風而教育民眾。

當前諸事：此卦表示風在地面上吹，毫無阻礙。若是小風，則使人舒適，若是大風，則橫掃千軍、勢不可擋。若你此時處在危險且不穩的時運，要多觀望，並擁有觀察時勢之利弊的能力。

考生運勢：若為考生，則應多累積考古題的經驗，觀察今年的出題走勢，千萬不能自以為準備好了。

愛情加運：若你已有穩定的對象，此時關係正受到考驗，要懂得體諒對方的難處，讓彼此更圓滿。若你有心儀的對象想要追求，此時並不適合，因為你們彼此尚未有很強的交集，彷彿是單戀一般。若你很喜歡對方，就要熬過這樣的考驗，才會有理想的結果。

事業大勢：卜得此卦者在事業上風格獨具，善於察言觀色，具有組織能力，適宜擔任重大的專案。正因為你此時風生水起，更要警惕自己有表率作用，注意言談舉止，行事公正公平，必要時更要利用策略整合群眾意見，讓你的上司和下屬都能以你的意見為尊。

轉職開業：轉職需要停看聽，急著想改變不是最好的選擇。開業者更要冷靜觀察，不可跟風做流行的短期事業。

身體疾病：病情變化多，要時時跟醫師保持聯繫。近來偶爾也會覺得眼睛不舒服，宜多觀察。

人生建議：卜得此卦者是一個有創意喜歡開發新事物的人，更能在觀摩他人強項時修正反省。風地觀是最標準的狀況卦，吉凶未定。凡事不可輕忽大意，必定要眼觀四面、耳聽八方，不可被外來的錯誤訊息擾動決心。

21

周易第二十一卦 噬嗑卦

火雷噬嗑

噬嗑，亨，利用獄。

卦象解讀：

噬嗑卦象徵「咬合」。占得噬嗑卦，利於決獄斷案、施用刑法。

易經象傳

象曰：雷電，噬嗑。先王以明罰敕法。

解釋：雷電交加，這就是噬嗑的原意。先王因此明定刑罰，同時嚴整法律。

當前諸事：此卦表示口腔中有食物哽塞，必須經過咬合才能順暢的吃下去。
卜得此卦若為上級，建議利用剛柔並濟的手段解決事情。此卦也
告訴求卦者目前多受阻礙、有口舌紛爭，無法前進，千萬不能得
理不饒人，若是此時挑啟戰端，日後恐難和好。

考生運勢：若你是考生，有問題要立刻向他人請教，若是一直浮躁難安，恐
怕沒有好成績。

愛情家運：若你有穩定對象，此時家庭不和，因為兩個人都固執己見。除非
彼此能夠將對方排除成見，否則兩人無法融洽。若你有心儀的對
象，可能會有阻礙或橫刀奪愛之事。建議誠心追求即可成功。

事業大勢：卜得此卦者人際關係或專案處理上可能遇到了難題，需要請長官
出馬，或用高壓而強硬的手段處理，如果事態嚴重，甚至可能要
訴諸法律。目前狀況就如同卦象，有小人從中作梗，謀求之事費
心難成。

轉職開業：此時轉職，並不順利，須靠自己的力量去克服障礙。創業者在經
營中容易發生口舌是非或人事不合，。

身體疾病：卜得此卦者容易因為情緒有血氣不順的感覺，此時要放鬆心緒，
否則易有血光之災。

人生建議：卜得此卦者有火與雷的特性，因此願意突破超越。得此卦凡事能
小有獲得，但需有明辨是非的能力。建議下決定，抓問題都要迅
捷。此卦還警告人們，任何犯法的人都要接受懲罰，每個人都要
好好管束自己。

22
周易第二十二卦 賁卦

山火賁

賁，亨，小利有攸往。

卦象解讀：

賁卦象徵「裝飾」。占得賁卦，通達小吉。利於柔小者行事。

易經象傳

象曰：山下有火，賁。君子以明庶政，无敢折獄。

解釋：山下有火，這就是賁卦的原意。君子要用文飾去修飾美化、清理各種
　　　政務，但是不能用文飾的方式處理監獄訴訟。

當前諸事：此卦象表示美麗的外表與裝飾。卦象警告求卦者慎防有心在你面前賣弄欺騙的小人、偽君子。若求得山火賁，問與自己私事相關之事為小吉，但若問與眾人相關之事，容易遇到阻礙，只能靠虛張聲勢暫時得安。

考生運勢：若為考生，你的實力遠遠遜於展現出來的樣貌，應多充實自己。

愛情家運：若你已有穩定的對象，外人會以為你此時擁有圓滿富裕的生活，但你心知肚明，應該與另一半坐下來互相溝通的時候。若你有心儀的對象，建議兩人都能拿出誠意相對待，才能得到一份穩固又踏實的愛情。

事業大勢：卜得此卦者在事業上已小有成績，但要提醒自己不要被虛浮的假象迷惑，要追求實質的增長。卦象警示你要慎重行事，若你是長官，千萬不要相信只擁有外貌的人，凡事深思遠慮，觀人須觀其心，切忌因小失大。經營事業要凡事踏實，按部就班。

轉職開業：求職或轉職都不要太相信虛華不實的條件，要謹慎選擇，不要被虛華的名聲影響正確的決定。開業者目前順利，有多少實力就做多少事，千萬不要過於高估自己。

身體疾病：卜得此卦者，身體強健，但情緒鬱悶，應以解開心結為重。

人生建議：山火賁卦雖然強調文飾，但也提醒人們要踏實的重要。因為裝飾雖然起到美化的作用，但不過是附屬於實質之下的表層而已。所以，即使是山火賁有小亨通之意，卻也只是小利。

23

周易第二十三卦 剝卦

山地剝

剝，不利有攸往。

卦象解讀：

剝卦象徵「剝落」。占得剝卦，不利於前往。

易經象傳

象曰：山附于地，剝。上以厚下安宅。

解釋：山傾覆在地上，這就是剝卦的原意。居上位著應加厚築基礎，才能安
　　　固家宅與事物的根基。

當前諸事：卜得此卦象者也許短期之內無法察覺求事的利害關係，但長期看來不利於己，因此建議不要採取任何積極的行動。此卦利於重新開始，甚至是到外地發展。

考生運勢：若為考生表示你準備的過程零零落落，不甚用心，因此無法得到你想要的結果。

愛情家運：若你有穩定的對象，此時你們的關係不佳，這時的你應該要比平常更努力維持家庭的和睦和經濟穩固。如你有心儀者想要追求，那位對象並不是最適合你的，必須要慎重考慮，女性尤其應該提防愛情裡的騙子。

事業大勢：卜卦者苦心經營的人際關係或是事業上的努力都被層層破壞，容易陷入孤立無援的狀態。建議卜卦者在事業上最好是靜觀待變，不要有多餘的冒險念頭。

轉職開業：此時轉職要謹慎小心，不可落人口舌，宜守舊為佳。創業者不要選在這個時候，因為你不但還沒準備好，也容易被小人陷害。

身體疾病：最近可能有腸胃不舒服，女子要注意婦科，男人應慎防出入風月場所。

人生建議：卜得此卦若是男性得此卦，近來可能有為女子耗費錢財的苦惱。若你是主管，甚至極可能被部下連累。此卦意象為高山被風雨侵蝕而剝落，山景不再秀麗，但我們應將事物往反方面想，若是枯葉落到地上，化作春泥更護花，退讓的等待東山再起的時機，不也是一件好事嗎？

24
周易第二十四卦 復卦

地雷復

復，亨，出入无疾，朋來无咎，反復其道，七日來復，利有攸往。

卦象解讀：

復卦象徵「回復」。占得復卦，亨通，外出歸來以後沒有疾患，賺到錢也沒有災害。返回再歸有一定的規律，經過七天就會復歸，利於前去行事。

易經象傳

象曰：雷在地中，復。先王以至日閉關，商旅不行，后不省方。

解釋：雷回復到地上，為復卦的原意。先王也在冬至的時候關閉關卡，商賈旅客也停止外出遠行去交易，君主暫時不會去巡視各州國。

==
==

當前諸事：復有回歸之意，是事物新生的轉折點，也告訴我們發現錯誤就要
　　　　　快回到正途，若是執迷不悟，壞的事情也就會連續發生。地雷復
　　　　　主是個狀況卦，因為好事會重複，但壞事也會重複再來。

考生運勢：若你是考生，第一次的成績不會是最好的，但是會越考越好。

愛情家運：若你有交往的對象或是心儀的人想要追求，最近你們的關係不是
　　　　　太好，可能總在為雷同的事情爭執。需要一個浪漫的儀式，讓對
　　　　　方感受到這段關係煥然一新，或許能夠為你的人生再燃起希望。
　　　　　對舊情人，也許可以再續前緣。

事業大勢：你已經渡過了最困頓的時候，能夠與夥伴積極行動。但一定要把
　　　　　眼光放遠，抓住時機，大膽投資。第一次開展業務也許不順利，
　　　　　但不要因挫折而退縮，第二次可以表現更好。只要你堅持商業道
　　　　　德，就能一本萬利，開運亨通。

轉職開業：若求轉職，不要急躁，多面試幾次會有好結果。若自行開業者要
　　　　　沉著，前一兩個月可能看不出佳績，多辦活動增進人氣，業績就
　　　　　會大有進展。

身體疾病：由於反覆的憂慮，要注意過度疲倦與肝功能方面的疾病。

人生建議：卜得此卦者是老闆最喜歡的輔佐型人才，因為你做事謹慎，又善
　　　　　於企畫組織，可以排解別人困難。地雷復由於其特別的卦象，因
　　　　　此有「一元復始」的說法，另一個循環的開始之意。因此求得此
　　　　　卦者有改過遷善的意思，因為好事會重複，但壞事也有可能在冥
　　　　　頑不靈的觀念裡重蹈覆轍，務必記住。

25

周易第二十五卦 无妄卦

天雷无妄

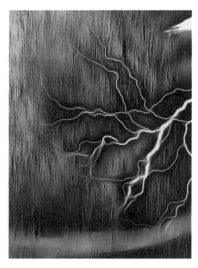

无妄，元亨，利貞。其匪正有眚，不利有攸往。

卦象解讀：

无妄卦象徵「不妄為」。占得無妄卦，代表亨通，利於持守正道，占問有利。
如果不守正道則有災禍，不利於有所前往。

易經象傳

象曰：天下雷行，物與无妄。先王以茂對，時育萬物。

解釋：天下雷聲運行，萬物遵循時節。先王因此勤勉努力順時而行，並養育
　　　萬物。

當前諸事：天雷無妄描述天上的雷連綿不絕，雖然壯觀卻令人害怕。此卦象徵若是你此時有空幻的妄想或是不切實際的理想，則易有無可逃的災難，建議你還是要腳踏實地的做事。此卦象也表示目前所處的狀況，不論是好是壞，都是自己的臆想，建議要面對現實。

考生運勢：筆試有利，口試不利。

愛情家運：若你有穩定的對象，目前可能處在心煩意亂的狀態，雖然很愛對方但也許是在錯的時間遇到對的人，雖然彼此無可挑剔，但是卻又爭執不斷，這段感情的成功與否，要看你自己有沒有堅定的決心。若你有心儀的對象，另一方現在受外界五花八門的誘惑而心不定，且容易產生誤解，彼此間波折不斷。

事業大勢：你的企圖心在事業上比一般人還要強烈，因此容易有極勝或是極衰的凶險。因此更應循規蹈矩。卦象也告誡你做事情不能只有五分鐘熱度，更切忌虎頭蛇尾，否則容易有更大的傷害發生。

轉職開業：若此時想要求職或轉職都不適合，宜靜不宜動。

身體疾病：因為脾氣急躁，要小心高血壓等心血管方面的疾病。

人生建議：卜得此卦者要告訴自己先戒掉急性子與壞脾氣，別總是遇到困難就先發脾氣，凡事都需要思考再三，只有壞時機過了，才能渡過難關。天雷無妄卦是警示自己別惹禍上身，有目的去做違反善良原則的事，通常也會失望，所以又稱「無望」。要多做善事，靜下心來禪坐，為自己祈福。

26

周易第二十六卦 大畜卦

山天大畜

大畜，利貞，不家食，吉，利涉大川。

卦象解讀：

大畜卦象徵「大的畜聚」。占得大畜卦，有利於占問，食祿於朝廷，不閒居於家，吉利，利於渡涉大川，開創前途。

易經象傳

象曰：天在山中，大畜。君子以多識前言往行，以畜其德。

解釋：天被包含在山中，這就是大畜卦的原意。君子應該廣為記取先聖先賢的言論事蹟，以畜養自己的美德。

當前諸事：此時狀況大好，利於積蓄錢財。如果你覺得自己已經養精畜銳，蓄勢待發，就可以大膽的去做你有把握的事情。大畜卦也顯示很大的能量，甚至是不動產的來到，可說是吉相。卜得此卦建議可以為自己訂立一個遠程目標，督促自己往前邁進。

考生運勢：若你是考生，目前為止考試成績都不錯，但建議要更認真，因為還有努力的空間，會有更好的佳績等著你。

愛情家運：若你已有穩定的對象，此時運氣大佳，但要趁此時兩人多積蓄錢財，日後可以有更大的空間發展。若你有心儀的對象想追求，一開始可能會有些阻礙，或是對方讓你有距離感，但精誠所至、金石為開，對方一定會被你打動芳心。

事業大勢：卜得此卦者，目前機運已到來，事業運正冉冉上升，千萬不能宅在家裡，此時的你應該大刀闊斧，一定可以闖出一番事業。若你是老闆或投資者，可以考慮數字較為龐大的投資案，但務必要注意現金周轉的靈活。

轉職開業：求職者順利且前途不可限量。轉行者不宜，要多累積專業知識為佳。想要開業者要不怕挫折，全力以赴，終究可以獲得財利。

身體疾病：身體狀態非常好，適合多到郊外踏青，沒有什麼病痛。

人生建議：卜得此卦者這陣子的腦袋特別靈活，喜愛追求新知，可以不斷創新，也因為你待人謙虛，所以會有很多貴人幫助你，容易在社會上嶄露頭角，但世事難有兩全，若是想要全力衝刺事業，恐將難以兼顧家庭，因此你要好好省思考慮，自己最需要的是什麼。

27

周易第二十七卦 頤卦

山雷頤

頤，貞吉，觀頤，自求口實。

卦象解讀：

頤卦象徵「頤養」。占得頤卦，占問者持守正固可獲得吉利，觀看事物的現象，應該明白要用正當的方式謀求食物，這樣才能體會頤養之道。

易經象傳

象曰：山下有雷，頤。君子以慎言語，節飲食。

解釋：山下有雷，為頤卦的意思。君子應當謹言慎行，節制玩樂與宴飲。

當前諸事：卦象告誡求卦者的一舉一動都要注意，特別是在飲食和說話這兩項與「嘴巴」有關的事情上。話要謹慎地講，才不會惹人生氣，飯更要小心的吃，才不會生病。

考生運勢：靠自己的力量累積實力，有真才實學的人，終究可以過關。

愛情家運：如你已有穩定的對象，必須管理自己的脾氣，冷靜的與另一半溝通，才能使雙方重拾幸福的感覺。如有心儀的對象，可能因對方條件不錯而感到著急，這時你應該要慢慢的追求，多充實自己使對方越來越喜歡你，成功的可能性才更大。

事業大勢：山雷頤表示能量都被壓在地下，故此時更需要加強基本的能力。此時不適合強出頭，也不適合在職場上強勢爭取表現，韜光養晦為佳。若是最近想要投資，要以穩定型理財為佳，切忌風險高的投資型態。

轉職開業：求職或轉職者，此卦象為先辛苦後成功，而且要管住口舌，不能因為一時的情緒引起是非。若是能提升修養自己，容易得到好的名聲。如自行創業者得靠自己來奮鬥，不能依賴他人，而且短期之內不會有太大的成果。

身體疾病：要注意腸胃，因為病從口入，要特別注意飲食清潔與食材新鮮。

人生建議：卜得此卦者外表穩重且成熟，惟此時還在沉潛的階段，謀事奮起的時機尚未到來，最好多找機會學習。凡事要以靜制動，要有所節制，尤其是不要犯了小人的口舌之災。此卦象也顯示你近來很有口福，要注意飲食健康跟逐漸增加的體重。

28

周易第二十八卦 大過卦

澤風大過

大過，棟橈。利有攸往，亨。

卦象解讀：

大過占得象徵「超過負荷」。占得大過卦，房屋棟樑因為過重將要彎曲並倒塌，利於有所作為，能夠得到幫助，將會亨通。

易經象傳

象曰：澤滅木，大過。君子以獨立不懼，遯世无悶。

解釋：大澤之水淹滅的大樹木，為大過的原意。君子應該堅定操守，無所畏懼；君子如果不被世人所用，退居隱士亦不需苦悶。

當前諸事：湖澤為蓄水的地方，水原本用來灌溉，但水若過多，不但失去本來的目的，甚至還讓樹木淹死。「大過」指的不是過錯，而是過度，即超過負荷帶來的沉重後果。此卦告訴求卦者，必須找出真正的問題，釐清方向。

考生運勢：若你是考生，代表你目前無法負荷你的壓力，這時你必須跟師長談談，你選擇的志願是不是非你的能力所及。

愛情家運：如你已經有穩定的對象，此卦警示你要面對婚姻中兩者之間的矛盾，要拋下情緒性的抱怨，準確的找到問題並請妥善處理。若你有心儀的對象想追求，建議可以詢問身邊朋友的意見後再觀察，不要一徑活在自己的幻想裡，更不要一昧遷就對方。

事業大勢：求卦者若是上級，此時恐面對有將無兵的窘境，此時不要作任何大的決策。上級者要努力找出可能導致失敗的問題，儘快解決才能平安，也盡量避免對大項投資下決定，以免造成新的困擾。

轉職開業：求職或轉職都容易遇到超過自身能力可以負荷的職位。若想創業將會十分辛苦，不建議此時做決定。

身體疾病：要注意容易有神經部分的疾病。若是女性占得此卦，注意婦科疾病，須耐心治療，終究可以平安。

人生建議：卜得此卦者，目前你可能是一個承擔重責大任的人，但你所承擔的責任太重，會讓你像被壓彎的扁擔一樣。若根基不穩，即便你是棟梁之才也難獨撐大局，這時應該回頭思考如何穩固根基，才能擁有真正的成功。

29

周易第二十九卦 坎卦

坎為水

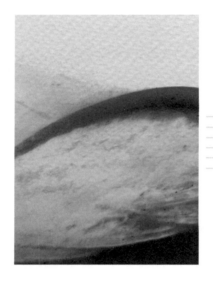

習坎，有孚，維心，亨，行有尚。

卦象解讀：

坎卦象徵「加倍的危險」。占得坎卦，所得卦意需順隨人心並且胸懷信實，如此才能亨通，努力而行就會受到崇尚。

易經象傳

象曰：水洊至，習坎。君子以常德行，習教事。

解釋：水流不斷湧至，代表重重險陷，這是坎卦的原意。君子應該不斷的修養其品行和美德，反覆熟悉教令政事。

當前諸事：坎是指水勢洶湧的大河水，寬闊湍急，讓兩岸的人都只能望河興嘆。求卦者此時面臨內、外都是危險的景況，處境艱難。建議找到問題的原由，尋求貴人幫助解決，尚有一線生機。

考生運勢：此時壓力大且無法消化學習的內容，很難得到好成績，建議多休息保持情緒穩定。

愛情家運：若你有穩定的對象，你的另一半雖然很顧家，但你們之間卻陷入僵局，可能連經濟狀況都出了問題，凡事要慎重行事再下決定。若你有心儀的對象，你們可能很快就會相戀，但卻不太順利，自己和長輩給的意見都令你們應接不暇，導致因為沒有信心，很難維持下去。

事業大勢：卜得此卦者切記不要慌亂，要抓住問題的核心，找對的人解決，就能有好的結果。坎卦又為傷卦，所以占得此卦者，要在生活起居多加注意受傷的小事，坎卦亦有欺騙、上當的可能。

轉職開業：此卦象徵諸事不宜，不適合改行，應該暫時在原位不動。目前更不適合開業，小心中了他人所設的財務陷阱。

身體疾病：血液循環不好，宜多做運動保持健康，女性要注意婦科，男性要注意腎臟的疾病。

人生建議：卜得此卦者此時有很多的煩惱，因為你的責任感太重，但優柔寡斷的個性又容易使你半途而廢。建議你要多看書，或許能在知識中讓你在面對危境時仍然安之若命。占得此卦的你不妨大膽走出家園到遠處發展，或許可以在異地得到他人幫助。

30

周易第三十卦 離卦

離為火

離，利貞，亨，畜牝牛，吉。

卦象解讀：

離卦象徵「光明」。占得離卦，利於謙虛的持守正道，有利於占問，前途光明，畜養母牛吉利。

易經象傳

象曰：明兩作，離。大人以繼明照于四方。

解釋：太陽東升西落，上下充滿光明的意象。偉人效法此現象，也當不斷用
太陽般的美，照耀四方。

當前諸事：此卦象表示智慧、溫暖。由於火無法獨自存在，要依附於一個物品上燃燒，因此離為火又有附麗、附著、結合的意義。但是我們自身與合作的對象必須心地純正的走正道，才能有好的結果，做事抱持雙贏的原則，團結合作便能長久。

考生運勢：若你是考生，如能一鼓作氣的撐到考日，一定可以有好的成果。

愛情家運：若你有穩定的對象，此時兩人事業順遂，既富有又幸福，令人稱羨。若你有心儀的對象，可以請長輩或朋友幫你牽成，但不要只看重對方的外表，也要好好的想想兩人究竟是否合適。

事業大勢：卜得此卦者，在工作上可能要依靠別人的幫忙與介紹，但在選擇時，一定要注意老闆的個性，看你所從事的行業是否合乎正道。雖然目前事業都很好，但要反省是不是內部有遭到了某些損害，千萬不要因為好高騖遠的目標而損失了利潤。

轉職開業：如果想求職或轉職，可央求長輩安排。新工作條件也許優渥，但一定要查明是否屬實。想要開業者則是可以順利進行，但要追求實際的利潤，不要只顧著擺出好看的場面。

身體疾病：要早點睡，注意肝火過旺的問題。也要小心眼睛的疾病，出外時更要避開血光的問題。

人生建議：卜得此卦者應該非常受到大家的喜愛。責任心很強，常常給自己很大的壓力。做事切忌三分鐘熱度，如此一來會讓之前的努力白費。另外要注意卜卦的事情是否華而不實，千萬不要走進別人虛華的願景裡，浪費了自己的大好光陰。

31

周易第三十一卦 咸卦

澤山咸

咸，亨，利貞，取女吉。

卦象解讀：

咸卦象徵「感應」。占得咸卦，利於持守正道，占問有利，娶妻吉利。

易經象傳

象曰：山上有澤，咸，君子以虛受人。

解釋：山上有澤，為咸卦的原意。君子應該用虛懷若谷的精神去廣為接納眾
人。

當前諸事：此卦象表達的為湖澤浸潤了山，山也承托了湖澤，水與山交相感應。咸卦說的感情有清純無暇的感覺，沒有利欲的糾纏，也可解釋為對某一種理念的執著和認同。

考生運勢：若你是考生，建議也可多跟好學的朋友一起學習，以獲得更好的成績。

愛情家運：如你有穩定的對象，目前兩人之間的關係非常融洽，互敬互愛，家運吉昌。如你有心儀的對象，切忌花言巧語和輕浮的態度追求對方，建議用誠心打動對方，就能擁有順利美滿的結果。

事業大勢：此時你的人緣桃花正旺，善用人和辦事。雖然萬事以和為貴，以誠待人很重要，但千萬不要過於相信他人而下了錯誤的判斷。目前經營事業有利可圖，市場若不景氣，寧願觀望也不要強求，靜待好的發展。如果是領導者，需要以同理心做事。

轉職開業：求職或轉職都能因為貴人相助得到好的職缺。自行創業者，目前的狀況很好，如果你的生意模式是以夫妻或情侶一起經營，那更是前景看好。

身體疾病：身體很好，沒有甚麼特別的病痛。

人生建議：卜得此卦者是個很有異性緣的人，因為你溫柔而寬厚，對於另一半更是體貼有加。你的口才很好，在職場上有貴人相助。如果可以用好的方式取得他人共鳴，那麼萬事可成。但若因個人私慾而不守禮法，將會得到相對應的後果。斷不可與搬弄是非的小人交往，壞了氣場更誤了前途，需勸戒自己防止受騙。

32

周易第三十二卦 恆卦

雷風恆

恒，亨，无咎，利貞，利有攸往。

卦象解讀：

恆卦象徵「恆久」。占得恆卦，代表通順，沒有傷害，有利於占問事情，利於前去行事。

易經象傳

象曰：雷風，恆。君子以立不易方。

解釋：雷和風互相配合，這就是恆卦的原意。君子應該立定志向並且持守正道，永遠不輕易的改變正向的力量。

當前諸事：恆卦表示維持不變的跡象，告訴人們應該各守其份。此卦顯示一種會持續很長久的一種狀況，不論此情形是好或壞，都會再持續一陣子。

考生運勢：如你是考生，可以因為持之以恆的努力得到優良的好成績。

愛情家運：如你已經有穩定的對象，要督促自己不斷進步，給家人更好的生活。如你有對象想要追求，會因為懼怕而見異思遷，感情就如雲煙，若你可以堅持下去，與對方的家人朋友和睦相處，兩造感情就能長久。想結婚的情侶，現在正是好時機，可以上門提親了。

事業大運：卜得此卦者目前從事的行業可能是在崗位上做一樣的事情，有時讓你覺得厭倦，想要創造新的出口。但此卦勸戒你，無論是在原地或新的事業都要有恆心，只要你順勢而行，平穩安逸的生活指日可待。

轉職開業：求職者可求到一份平穩且需要好好規劃的工作。轉職者則要小心行事，不能跟動機不純的人有瓜葛，建議還是待在舊公司為好。創業者如能鎖定目標恆久努力，全力以赴，就能有好的結果。

身體疾病：身體狀況良好，沒有甚麼大問題。

人生建議：卜得此卦者通常主動積極反應快，對於想要的絕對不輕易放手。如果求的是穩定，那麼就是大吉卦；但如你求的是挑戰，那麼這是一個潛藏未知的卦。建議把握中庸原則，即便是你覺得不錯的也不可強迫他人接受；要知道大家立場不同，過於堅持某件事會讓你的內心動盪不安。

33

周易第三十三卦 遯卦

天山遯

遯，亨，小利貞。

卦象解讀：

遯卦象徵「退避」。占得遯卦，表示及時隱遯就會通順，占問小事有利。

易經象傳

象曰：天下有山，遯。君子以遠小人，不惡而嚴。

解釋：天在大山之外，這就是遯卦的原意。君子應該遠離小人，並且不透露
出憎惡之情，以傲然不可侵犯的姿態嚴分界線。

當前諸事：天山遯卦的外卦表天，內卦為山，卦象就是人站在山的頂端看天空，就算爬到最高的山，都不可能達到天的境界。遯卦象徵著退讓，這看似不知積極進取，但卻是高明的智慧，因為以退為進實為一種低調的進步。因此本卦有勸人謙遜之意。

考生運勢：若考生卜得此卦為凶象，因為遯卦有退步之意，你的課業成績與表現不如以往，要自行多加油。

愛情家運：如你已有穩定的對象，兩個人要互相理解，互相退讓才能順利走下去。如你有心儀的對象，對方可能已經有對象或只把你當成朋友，你追得越緊，對方離你越遠。此卦很特別的是，如是想要二婚者卜得此卦則是吉相，歷經滄桑後，二婚可得到幸福。

事業大勢：此時事業不適合有任何拓展的想法，在職場上無法有新的成就，如果有大的投資事項最好先暫停下來，因可能有小人在阻礙與破壞。若發現部門有小人囂張之害，讓公司成為是非之地，也不要多管事，盡好自己的責任才是更重要的事情。

轉職開業：求職者目前的工作都應觀望，若想要轉職或改行，這個時機不盡理想。如果想自行創業，更是萬萬不可。

身體疾病：此時容易因為疲倦有頭暈和感冒的問題，要多休息。

人生建議：卜得此卦者，內心不易滿足，常常覺得有莫名的空虛，但有貴人運。若想要累積實力，就要善用這一優勢。煩躁時宜追求心靈宗教寄託。無論你處於何處，如你已經發現自己已遭到排擠，則要急流勇退，也許暫時休息也是一個讓自己進修的好方法。

34
周易第三十四卦 大壯卦

雷天大壯

大壯，利貞。

卦象解讀：

大壯卦象徵「強盛興隆」。占得大壯，利於持守正道，有利於占問。

易經象傳

象曰：雷在天上，大壯。君子以非禮弗履。

解釋：雷在天上轟轟作響，這就是大壯的意思。君子應該不去做那些不符合
　　　常理、禮節和正道的事情。處在極盛的狀態，就是大壯的本意。君子
　　　應注意是否合乎禮義，以及注意盛極必衰的道理。

當前諸事：此時聲勢浩大，所有的事情都亨通無阻，但萬事物極必反，必須嚴守正道，所以要小心先盛後衰的後象。雷天大壯一般以吉處藏凶來論，要知道做人處事最忌衝動，得此卦，可贏得掌聲與知名度，但凡事再三思為吉，切忌貪婪衝動而帶來禍害。

考生運勢：若你是考生，可得到好成績，但千萬不能驕傲，以免招來同儕忌妒。

愛情家運：若你已有穩定對象或家庭，要把握目前的財運。但要小心容易因為溝通不良而有爭執。若有想追求的對象，千萬不能因自己的條件好而驕傲，這樣會讓對方心生遠離之意，建議要謙和的對待對方。若是女生抽到此卦，要小心對方的愛只在嘴巴上，沒有真心實意的對待。

事業大勢：此卦囑咐卜卦者在事業上切忌蠻幹，不可妄動，要加強與他人的合作。你現在所嚮往的職位，將帶你到一個富裕發達的新境界。但不要因為面子而失了裡子，更不能任意投資。

轉職開業：轉職者要小心對方的狀態沒有你想像那麼好。開業要打鐵趁熱的趕緊去做，會有大好光景。但千萬不要鋪張浪費的做很多廣告，無謂的投資將會吃掉經營成本。

身體疾病：身體狀況良好，要小心過於急躁帶來的肝火旺盛。

人生建議：卜得此卦者，個性較為急躁且領導慾強，處事的喜怒哀樂都寫在臉上，雖然聰明而且很有能力，但建議要修身養性，改變急躁的個性，就能改變人生。

35

周易第三十五卦 晉卦

火地晉

晉，康侯用錫馬蕃庶，晝日三接。

卦象解讀：

晉卦象徵「晉升」。康侯享受的賞賜很多，陸續的用車馬載來，一天之內受到三次賞賜。

易經象傳

象曰：明出地上，晉。君子以自昭明德。

解釋：太陽的光明升出於地面之上，這就是晉卦的意思。君子應該讓自我的
美德昭顯出來，發揮自己的作用。

當前諸事：火地晉象徵著旭日東昇，一切充滿希望，讓人有奮鬥的能力。此卦大吉中帶著警告，提醒求卦者雖然可以勇往直前，但是往前衝的時候也要記得往後看。火地晉並不適合勇敢的躁進，一定要有周詳的計畫。

考生運勢：若你是考生，考試的實力與運氣兼具，可以金榜題名。

愛情家運：如你有穩定的對象，此時家運如日中天，但兩人必須要能體諒對方的辛苦，否則容易貌合神離容易有爭執。如你有心儀的對象，會有理想的結果，但不可自以為條件優越過於挑剔對方，這樣容易錯過一段好姻緣。若已是情侶，則可以談論婚嫁。

事業大勢：卜卦者此時要循序漸進，穩紮穩打，就會看到成功的願景。因為事業或機遇如日中天，受到重用，而且還有機會升官加薪。如果有合夥人，一定要善加溝通，慎防意見不和。

轉職開業：此時求職或轉職，都能受貴人提拔，有一番不俗的成就。如果想創業者會遇到困難，但不要氣餒，如果能爭取到眾人的幫忙，就能夠有一番大成功。

身體疾病：要小心有高血壓等問題，更要注意在匆忙之間不小心造成的血光之災。

人生建議：卜得此卦者榮譽心重，進取心強，善於領導，若能夠廣結善緣，招納人才，就能有強力的後盾。火地晉是「日出大地」之象，此卦問事業投資、升遷，均是奮發向上的吉象。但凡事仍要謹慎，如尋找有經驗的長者相助更佳。

36
周易第三十六卦 明夷卦

地火明夷

明夷，利艱貞。

卦象解讀：

明夷卦象徵「韜光養晦、等待時機」。占得明夷卦，代表占問艱難的事情可
以獲得吉利。明夷代表太陽下山，這說明整體的環境和局勢是不利的。

易經象傳

象曰：明入地中，明夷。君子以莅眾，用晦而明。

解釋：太陽隱沒於地上，這就是明夷的意思。君子在親自莅臨治理眾人的時
　　　候，治理方式隱晦但用意深明，不表示自己的才能跟智慧，反能使民
　　　眾得到治理。

當前諸事：此卦表示黑夜降臨，象徵鬥志的太陽被壓抑在地底下。縱然現在面對難關，但若能收起自己優秀的長處與德行，胸懷美德並謙恭有禮，就能渡過難關，千萬不能因為夢想被壓抑就自暴自棄。要記得時間是運轉的，黑夜不論再長，白天總會到來。

考生運勢：若你是考生，實力被隱藏，無法得到好成績。

愛情家運：若你有穩定的對象，兩人都要注意被外界惡意欺騙，所有具有法律效力的文件都要請律師審視。若你有心儀的對象，建議要考慮清楚，認清對方吸引你的特色是否足以在愛情裡成為維持溫度的亮點，否則日後易受到情傷。

事業大勢：卜得此卦者，此時在事業上處於逆境，時運未濟。不宜在這個時候做太多改革，更不可擴大規模經營，應該做好財務管理。如能讓心境保持冷靜，謹慎行事，處處小心，尚能持平。

轉職開業：求職或轉職都不適宜，要沉潛求安。若為創業者應該觀察市場動態，再伺機而動，目前不適宜有大的投資動作。

身體疾病：要小心眼睛不舒服的病況，宜及早就醫，做全面的檢查。

人生建議：卜得此卦者非常重視友誼，喜歡追求高層次的心靈境界，但理智和感情常矛盾，腦袋裡時常跟自己吵架。有時還會犧牲很多事情來實現自己的理想。切記不要總想著功成名就，應該提升自己，事情才會好起來，千萬別讓自己陷在惡性循環裡，一定要讓自己朝向光明處走去。

37

周易第三十七卦 家人卦

風火家人

家人，利女貞。

卦象解讀：

家人卦象徵「一家人、家庭」。占得家人卦，女子利於持家，對於占問有利。
安內才能壞外。

易經象傳

象曰：風自火出，家人。君子以言有物，而行有恆。

解釋：風從火中生出，代表自內而外的運行，這就是家人卦的意思。君子的
　　　言語要合理和有事實的依據，行為要守恆不變。

當前諸事：此卦象象徵風在天上吹，把重要的火吹得飄搖不定。此比喻戰火
　　　　　四起，大家都只能保護自己的家人，卜得此卦為小吉之象，事事
　　　　　都須以家人為重，若是能得到家人的共同幫助更佳。若是女子卜
　　　　　得此卦諸事皆吉，可以興家旺夫。

考生運勢：若你是考生，可在家人的幫助下得到好成績。

愛情家運：如你有穩定的對象，此時家運暢達感情和樂。丈夫要尊重賢慧的
　　　　　妻子，更需感謝對方為家庭的付出。如你此時單身，可以請家人
　　　　　為你介紹，能夠遇到適合成婚的對象。如你有追求的對象，若是
　　　　　能得到家人的祝福，則萬事亨達一切吉利。

事業大勢：卜得此卦者，首先要先將自己分內的事做好。在事業上將同事當
　　　　　成家人一般看待，讓公司氣氛和樂融融。當上級者須用治家方式
　　　　　管理下屬，要求大家的紀律應像規定家規一樣嚴明，這樣事業上
　　　　　才能有所發展。

轉職開業：轉職不適合，宜守舊為佳。但是轉職如果能在家人的公司裡為最
　　　　　佳。開業者一開始會比較辛苦，若是能得到家人與朋友的幫助，
　　　　　後勢看漲。

身體疾病：要注意感冒等小症狀。

人生建議：卜得此卦者為人熱忱，待人更是謙恭禮貌，外表積極內心保守，
　　　　　可說是好老婆、好老公的候選人。但有時會憂慮與自己無關的事
　　　　　情，又對周遭的人過於熱心，造成自己的困擾。建議你要記得做
　　　　　完自己的功課，行有餘力，才能幫忙別人做他們的功課。

38

周易第三十八卦 睽卦

火澤睽

睽，小事吉。

卦象解讀：

睽卦象徵「背離」。占得睽卦，代表占問小事，小心謹慎才有利。睽的本意
代表乖離、背離的意思。

易經象傳

象曰：上火下澤，睽。君子以同而異。

解釋：火在上，澤在下，為睽卦的原意。君子應該異中求同、同中求異。

當前諸事：火澤睽卦表示一把火向上燒，澤水卻往下流，火跟水的兩個性質是不同的，因此本卦又象徵不和諧的樣子。求卦者目前處在與人意見不合，彼此爭鬥、不協調的狀態。只能做自己一人可及的事情，否則就要想辦法讓自己身段更圓滑柔軟。

考生運勢：如你是考生，小考尚可，但是大考的結果不符合你的期望。

愛情家運：若你已有穩定對象或有家庭者，近來兩人意見不合而且經濟狀況不如預期，必須要積極和睦的解決。如果已吵到不可開交，更是要注意措辭，否則容易同床異夢。如你有心儀的對象，或許對方並不是很喜歡你，倘若勉強在一起也很難走到最後。

事業大勢：卜得此卦者，此時總覺得自己是一個人在孤軍奮鬥，不管做甚麼都覺得窒礙難行，工作時更是沉重。但若能處變不驚，讓自己的心情處在平和的狀態，並與同事和合伙人建立良好關係，就能夠撥雲見日。

轉職開業：求職或轉職都不會遇到更好的選擇。想創業者建議不宜開業。

身體疾病：需注意睡眠時間；如果就醫需小心診斷錯誤的可能，建議多看看幾位醫師聽取建議。

人生建議：卜得此卦者是一個非常有想法，但內心卻柔軟敏感容易感覺時不我予的人。建議你可以往專業藝術技能方面發展。此卦正在告訴你，做人處事若遇到跟你風格大不相符的人才是福氣，因為可以在截然不同的人的身上學得另一種智慧。

39

周易第三十九卦 蹇卦

水山蹇

蹇，利西南，不利東北，利見大人，貞吉。

卦象解讀：

蹇卦象徵「行走艱難」。占得蹇卦，利於向平順的西南方前進，不利於向艱難的東北方前進。遇見貴人會有利，占問吉利。

易經象傳

象曰：山上有水，蹇。君子以反身修德。

解釋：水在山上，為蹇卦的意思。君子應當在面臨危險阻礙的時候，反省自己，並且修養德行。

當前諸事：水山蹇的卦象代表山上有水，但是因為山勢高聳，水無法往下暢流，就像本來順利的事情，因外界的阻礙，變得難以執行又艱辛困難。雖然求卦者此時處境困苦，只能硬撐到底。面對騎虎難下的困境，只能自保，不要有太多行動。

考生運勢：若你是考生，不但念得辛苦，也很難有好成績。

愛情家運：若你有穩定對象，此時不但面臨經濟上的考驗，兩人相處問題甚多，建議以溫和的態度與對方溝通，否則就浪費以往的積累。如你有心儀的對象，可能還沒開始追求，對方已轉頭離開了。

事業大勢：在這個處境艱難的時刻，應當沉潛學習，找到第二專長是一個很好的選擇。在工作上要將對與錯理出頭緒，最好由長官指導，不可讓自己心緒雜亂。在職場上應避免小人，謹言慎行，等度過這一波低潮，才能擁有新的氣象。

轉職開業：求職或轉職目前不是一個絕佳的機會。不宜開業，更不可借貸創業，有損耗之象。

身體疾病：身體一直覺得疲倦不舒服，宜多調養或是做健康檢查找出病因。

人生建議：卜得此卦者平時是個浪漫主義者，很有設計研發的才能，但卻非常喜新厭舊，有時做事容易虎頭蛇尾，不切實際的想法常常讓你的內心有挫折感。現在最適合做的就是多讀書，幫助你提高判斷事物的能力，不要再被外界的假象蒙蔽了。

40

周易第四十卦 解卦

雷水解

解，利西南，无所往，其來復吉。有攸往，夙吉。

卦象解讀：

解卦象徵「解決」。占得解卦，往西南人口眾多和富裕的地方前進有利。如果沒有危難就不用前往紓解，安分本分可以獲得吉利。出現危難適合立即前往拯救，及早解決才很吉祥。

易經象傳

象曰：雷雨作，解。君子以赦過宥罪。

解釋：雷雨交加，為解卦的原意。君子應該赦免人們的過失，寬恕人們的罪
　　　過，使他們解脫新生。

當前諸事：雷水解的解表示解決之象。此卦象告訴求卦者，如果問題已經累積到令你疲倦，是到該解決的時候了！但必須比任何人更積極的找出問題重點，好好努力，還是很有希望成功。

考生運勢：如你是考生，有希望在及格邊緣，努力一點就可以過關了。

愛情家運：如你有穩定對象，你的另一半近來脾氣較為急躁，但沒有關係，因為考驗你們的難關已經過去，狀況越來越好，切忌不要因意氣之爭，鬧分床或分居。如你有心儀的對象，初始並不順利，但如果可以找到令對方心動的原因就能有成。

事業大勢：卜得此卦者在事業上遇到了何種困難，都應把握先機，快速做決定。只要你反應夠快，將問題快速處理即可成功。建議在處理事情上除了心胸寬大，更要圓滑，不可以得罪同事，以免將來變成阻礙你的小人。

轉職開業：求職者可以有貴人相助。轉職者要把握良機，締造美好的未來。如你想開業，可以有很好的機會發展志向。

身體疾病：為腸胃或頭痛的疾病，看醫生可得到緩解。

人生建議：卜得此卦者平時個性較急躁，喜愛有變化的生活，思想興趣廣泛但學藝不精。你總為他人著想，但可惜要開口請別人幫忙時，因彎不下腰來，容易錯失好機會，建議你不論做人處事都要積極主動，要即知即行，千萬不要拖延，雷屬風行的做事，更符合成功的要素和你自己的個性。

41

周易第四十一卦 損卦

山澤損

損，有孚，元吉，无咎可貞，利有攸往，曷之用，二簋可用享。

卦象解讀：

損卦象徵「損失」。占得損卦，代表保持心中誠信就會吉祥、沒有咎害，可以持守正道，利於占問事情和有所前往。減損該怎麼辦呢？只要誠心，二簋清淡的食物就可以奉獻給神靈和上位的尊者。

易經象傳

象曰：山下有澤，損。君子以懲忿窒欲。

解釋：高山之下有澤水，這就是損卦的意思。這代表澤自損，讓山增高。君子觀此卦象，以澤浸蝕山為戒，從而制止忿怒，杜塞貪欲。

當前諸事：山澤損卦代表缺損下位，增益其上。此時運勢並非最佳，不管要做甚麼都不是最好的時機，但若能抱持著學習的心情，將可得到更好的結果。

考生運勢：如你是考生，希望這次的考試機會可以帶給你一次學習經驗，若再更努力一些，可以在及格邊緣。

愛情家運：若你有穩定對象，目前金錢運勢或是相處關係正受到考驗，支出非常龐大，建議從大方向與大問題先去改善。若你有心儀對象，目前不是最好的時機，恐在金錢或心情上有所損失，此卦對於女性尤其考驗巨大，凡事要三思後行。

事業大勢：卜得此卦者在面對事業上的挑戰需要有過人的決斷力，若你能夠犧牲一己之私的利益，成就大眾和長官的利益，就能慢慢受到上級的重用。若示老闆卜得此卦，建議放棄對公司有損的專案，只要不損及自身即可。

轉職開業：求職者目前的選擇都不是最好的，建議等待時機。轉職者建議先待在原處為佳。創業者需要在創業初期做大量行銷，帶動買氣，但要做好初期虧損的準備。

身體疾病：由於過於憂慮，容易造成身心衰弱，消化不良或貧血，經醫師治療後可無礙。

人生建議：卜得此卦者是一位心地善良，富有同情心，又能體貼他人，可惜容易猶豫不決。若是能夠多做慈善事業，把這一份大愛分給更多人，你就可以從這種金錢的小損益中得到更多的回饋跟收穫。

42

周易第四十二卦 益卦

風雷益

益,利有攸往,利涉大川。

卦象解讀:

益卦象徵「增益」。占得益卦,卦辭顯示前往有利,利於涉險渡過大河。

易經象傳

象曰:風雷,益。君子以見善則遷,有過則改。

解釋:風雷交加,這就是益卦的意思。君子應該見賢思齊並且有過則改,這
樣才是正確的。

＝＝　　　　　　　　　　　　　　　　　　　　　　　　＝＝
　　　　　　　　　　　　　　　　　　　　　　　　　　＝＝
＝＝

當前諸事：卜得此卦者現正當吉運，如果能夠見賢思齊，學習別人的優點，
　　　　　就可得到更多的利益。風雷益也表示長者或上級願意犧牲自己部
　　　　　份的利益給晚輩，就像是樹上的葉子落下給泥土帶來養分，這是
　　　　　互助互贏之相。

考生運勢：如果你是考生，會有很好的成績，這樣的傑出成果會讓長輩都很
　　　　　高興。

愛情家運：如你有穩定對象，現在狀況非常好，兩個人相處和睦，感情也在
　　　　　陸續增溫中。若你有心儀的對象想追求，此為一段良緣，可以好
　　　　　好的經營。

事業大勢：如果你是老闆，若能大方的支持他人，你的事業支線可以與日俱
　　　　　增，一定可以獲得回報。如果你在事業上對誰有所求，可以試著
　　　　　向相關人士送禮，只要把握好送禮的時機，一定能對自己有所幫
　　　　　助。

轉職開業：轉職者能夠遇到對你更有幫助的選項，如有異性貴人幫忙説話更
　　　　　好。如你想要創業，只要願意在初期讓利給顧客或是員工，日後
　　　　　一定有非凡的成就。

身體疾病：容易有胃部疾病，忙碌間要小心有小血光。

人生建議：卜得此卦者平時個性熱心公益，愛熱鬧場合，善於團體事務協調
　　　　　工作的人。但如果能克服自己遇事優柔寡斷、三心二意的心態，
　　　　　成功會與你更接近。你貴人運頗佳，所以不要害怕冒險，你不管
　　　　　到哪裡，都能夠得到你想要的幫助。

43

周易第四十三卦 夬卦

澤天夬

夬，揚于王庭，孚號有厲；告自邑，不利即戎，利有攸往。

卦象解讀：

夬卦象徵「決斷」。占得夬卦，占卜的人在王庭上宣稱，將有屬邑的人前來報告危險的事情，不利於出兵。與對方建交較有利。

易經象傳

象曰：澤上于天，夬。君子以施祿及下，居德則忌。

解釋：澤水升於天，為夬卦的原意。君子應該佈施德惠於下位者，最忌囤積
　　　福澤只讓自家佔有。

當前諸事：「夬」是古人拉弓時戴在大拇指上的護套，有決斷勝負的意思。這一卦象徵你在面對事件時雖然站得住腳，但依然需要眾人之力將小人排除。生活中出現人際問題，不要強硬的解決，凡事以和為貴。

考生運勢：如你是考生，考試結果不是很理想，要有心理準備。

愛情家運：若你有穩定對象，目前狀況平穩無災，但已有一些意見分歧，建議要對任何事都抱持警覺性，千萬不要用鬧脾氣的方式來吸引對方的注意力。如你有心儀的對象，對方的個性頗為古怪，建議多觀察，否則不會是一段讓人快樂的戀情。

事業大勢：卜得此卦者短期內事業強盛，雖尚未見到困難，但是必須隨時警惕，特別是職場上的人事鬥爭可能即將來到。越是凶險的人事鬥爭，越是需要圓融的手腕。上級者更要懂得略施小惠，讓大家都能和氣生財。

轉職開業：求職或轉職者都需要慎重考慮，沒有好職位可供選擇。此時不適合創業者，因為創業耗心耗神，內部即將浮現人事問題。

身體疾病：容易頭暈或口乾舌燥，如果有任何不舒服都要趕快去就醫，適合做精密的健康檢查。

人生建議：卜到此卦者平日聰明又有抱負，是一位務實主義者，凡事都講求實事求是。走現實派的你，有時候處事要學習著更委婉的表達自己的想法，更切忌靠近會說讒言的人。如果你有已經煩惱很久的人際問題，一定要盡快解決，避免尾大不掉。

44

周易第四十四卦 姤卦

天風姤

姤，女壯，勿用取女。

卦象解讀：

姤卦象徵「邂逅」。占得姤卦，代表女子太強壯，不宜娶之。

易經象傳

象曰：天下有風，姤。后以施命誥四方。

解釋：天下吹著風，為姤卦的原意。君主因此發布政令然後傳告四方。

當前諸事：天風姤象徵天在上、風在下，風靜止時一片祥和，暴風來時則如萬馬奔騰，因此求得此卦不是穩定之象。若求卦者為女子，在職場上有很好的表現，而且容易在這段期間得到貴人幫助。

考生運勢：如果你是考生，必須要安穩你的心智，定下心來好好念書，否則不容易獲得好成績。

愛情家運：如果你有穩定的對象，女方在這段關係中居於強勢，因此要小心口舌，更要避免家庭不和帶來財運破損。若你有心儀對象，對方並不是最適合你的人，要仔細觀察對方的行事風格與道德觀。

事業大勢：事業卜得此卦有公職命，可以在職場上廣納賢士，以彌補自己能力不足的部分。如果為女性求得此卦，在事業上表現將會讓人耳目一新，可以承勢而上。若為男性，可以善用聰明的女性下屬幫你完成困難的工作。但男性在職場上要慎防女色，千萬不能因為一時的情迷意亂而昏頭。

轉職開業：求職或轉職者，此時沒有太好的選擇，須等待時機。女性容易得到上級的幫助。如想創業者，現在並不是最好的時機，容易有小人從中作祟。

身體疾病：要注意頭暈頭痛，或是感冒發燒的病症。

人生建議：卜得此卦者是一位聰明伶俐、自主性高，佔有慾跟領導慾都很強的人，建議你別因為意氣用事而壞了大局。若為女性求得此卦，要在家中收斂起自己的強勢領導風範。

澤地萃

萃，亨，王假有廟。利見大人，亨，利貞。用大牲吉，利有攸往。

卦象解讀：

萃卦象徵「聚集」。占得萃卦，為祭祀祖先，君王親自到宗廟祭拜，將遇到貴人的幫助。亨通，占問有利。用大的牲體祭祀則吉利，利於有所前往。萃的本意有聚集的意思。

易經象傳

象曰：澤上於地，萃。君子以除戎器，戒不虞。

解釋：澤水匯聚於地上，這就是萃的原意。君子應該修置軍備武器，以防備意外的發生。

當前諸事：澤地萃象徵地上的湖泊供人群使用，此卦有眾人合力把水圍住的意象，表示眾志成城，但也隱喻著辛苦付出有所得。而湖泊邊必定會有許多生物及植物，生氣蓬勃，因此本卦亦有聚集精華的意思。但是，湖泊水可以灌溉，也可能會泛濫成災，因此要隨時警惕自己，常保在理智狀態。

考生運勢：如你是考生，可以獲得不錯的成績。

愛情家運：如你有穩定的對象，此時家運昌隆，兩情相悅，惟要避免財務歧見，建議要以溫和的態度討論。如你有心儀的對象，此時的你非常受人歡迎，追求誰應該都不是問題，不過適合慢慢來，讓對方慢慢喜歡你。

事業大勢：卜得此卦者在事業上興旺發達，應該乘勢前進，開拓新的業務。如果你是上級，可以用手段拉攏人心表現誠意，不宜吝嗇。但要注意，由於人才濟濟，競爭必然激烈，領導者必須要用寬容的心調解，將大家的嫌隙得到化解，才會變得更加團結。

轉職開業：求職者目前適合做需要多人共同完成的相關行業。轉職或創業者都有不錯的機緣，事事能夠按照你的希望進行。

身體疾病：近來覺得腸胃不佳，治療得宜則平安無事。

人生建議：卜得此卦者人緣很好，易有人際間與情愛的困擾。萃卦也揭示人脈關係對一個人的成功非常重要，人的成敗往往取決於他所交往的人。但是，我們也不要要求朋友事事完美，對待朋友更應該真心，真誠合作也要提防口舌和是非。

周易第四十六卦 升卦

地風升

升，元亨，用見大人，勿恤，南征吉。

卦象解讀：

地風升卦象徵「上升」。占得升卦，代表大通順，可以見到有利的貴人；不需要擔憂，向光明的南方發進會是吉利的。

易經象傳

象曰：地中生木，升。君子以順德，積小以高大。

解釋：地上生長出樹木出來，這就是升卦的原意。君子透過自然的規律循序漸進的修養美德，就好像小樹苗逐漸的累積變成大樹木一樣。

當前諸事：風在地下，風想上竄卻被地面壓著，風辛苦的掙扎，但也隱喻著未來充滿希望。從此卦來看，升的含義，就是把默默努力卻有才幹的人，提升到應有的位置上。

考生運勢：若你是考生，你的成績正在逐漸進步，對你相當有利。

愛情家運：若你有穩定的對象，你們的感情和經濟狀況都會越來越好，只要你們以誠相待，一定會是令人羨慕的一對。如你有想要追求的對象，不宜躁進，慢慢的追求必定可以成功。若已是情侶者，卜得此卦容易奉子成婚。

事業大勢：卜得此卦者也許現在正處於沉潛的狀態，只要願意腳踏實地的學習就可以穩定成長。如果在職場上覺得有氣無力，那就需要有計劃的追求你想要的事項。若能找到有德行的貴人提攜，則可加快晉升的腳步。

轉職開業：求職者，此時會有好的機會。轉職者建議可從事與火有關的事業或明亮華麗的事業，即可有利。創業者適合由小做起，用心努力將終有所成。

身體疾病：忙碌之餘，要注意腸胃方面的健康。

人生建議：卜得此卦者聰明伶俐，企圖心強，重視生活品味，理想高遠，做事也能考慮周詳。但你屬於晚運型的成功人士，只要鍥而不捨的努力，就可以讓自己的人生如倒吃甘蔗般漸入佳境。只要你不斷的充實自己，擁有比別人更多的耐心與決心，就不會被一般的挫折擊敗。

47
周易第四十七卦 困卦

澤水困

困，亨，貞，大人吉，旡咎，有言不信。

卦象解讀：

困卦象徵「窮困」。占得困卦，代表自立救濟，靠自己才能亨通，需要持守
正固。君子占問則有利，沒有咎害；雖然最後終能亨通，但是目前的局面尚
有咎害，而且咎害並未解除，因此未能取信於人。

易經象傳

象曰：澤旡水，困。君子以致命遂志。

解釋：易經池澤裡面乾枯沒有水，為困卦的原意。君子在窮困的時候，寧可
　　　犧牲，也要成就崇高的志願。

當前諸事：此卦就像湖泊底下有破洞，裝不住水，水因而不停流失。澤中漁獲因水少死亡，居於澤旁的人們沒有食物，生活被困住又窮困，這是困卦所表達的含義。澤水困表示事情被很大的困難困住，而且四處無援，處在人生低潮之時。此時事事難有進展，只能靜待良機。

考生運勢；如果你是考生，此時成績不理想，宜有心理準備。

愛情家運：若你有穩定對象，此時在家裡做任何決定都綁手綁腳，甚至難以溝通，建議要以樂觀的心情處理兩人關係，不要讓關係失和。若有心儀者，應該再多多觀察對方的個性，確認是否適合自己。若無緣也莫強求，免得勞心又勞神。

事業大勢：卜得此卦者目前在職場上處境困難，頗有懷才不遇之感。應該要讓自己以謙虛的態度，正面積極的學習。上級者要小心資金調度的問題，更不能以不正當的手段解決問題。建議你以低調的方式度過這段低潮期。

轉職開業：求職或轉職此時都不是好時機，也沒有更好的選擇。創業者需等待更好的時機。

身體疾病：近來血液循環較不好，宜多運動維持健康。

人生建議：卜得此卦者心地善良，常關懷別人，為別人擔心。建議你平日要謹言慎行，因為言多必失。更不要在著急時下決定，這時的你需要讓自己思慮清楚，有可以冷靜的空間跟時間。對於財務更要仔細，要細心理財，千萬不能省小錢花大錢。

48
周易第四十八卦 井卦

水風井

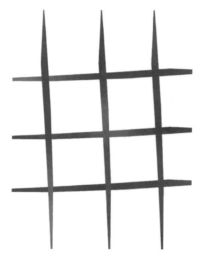

井，改邑不改井，无喪无得，往來井井，汔至，亦未繘井，羸其瓶，凶。

卦象解讀：

井卦象徵「水井」。占得井卦，城鎮的居民有時候會遷移，但水井卻不會移動。不論人們是否使用水井，水井不會因此增加或減少。不管人們離去或是到來，水井依然是水井。如果汲水的時候，水還沒有出井口就把汲瓶摧毀，這是凶險的兆頭。

易經象傳

象曰：木上有水，井。君子以勞民勸相。

解釋：水下浸而樹木生長，為井卦的卦象。君子觀此卦象，取法於井水養育
　　　百姓，鼓勵人民勤勞，相互勸勉。

當前諸事：古時侯用井取水是日常生活每天都會做的事，若是取水的木桶壞了，生活會很不便。因此提醒大家做事要急躁不徐，循序漸進，否則將會功敗垂成。若是能未雨綢繆，每一件事情都多想一個備案，那麼問題自然會好解決。

考試運勢：如果你是考生，此次考試成績尚可，宜多努力。

愛情家運：如你已有穩定對象應多修養內涵，用溫情維護你們兩人心中的活水源頭，才會讓愛戀的感覺源源不絕。若你還是單身，不必因年紀到了而急著結婚，近來就會有適合你的伴侶出現。若有心儀的人，應該要循序漸進的吸引對方的注意力，最好有多個備案讓對方覺得你聰明有趣更佳。

事業大勢：卜得此卦者運勢平平，工作內容也許每天都差不多，總是讓你覺得如同食之無味、棄之可惜。建議你多培養專業能力，用小小的成功，累積成大大的進步。

轉職開業：求職者目前機會都以小職位為主。轉職者不宜，安於本位可以期待更好的發展。如想創業則不宜，有可能造成財損。若是想經營慈善事業，卜得此卦則大有所為。

身體疾病：腎、膀胱、尿道等生殖器官之疾。

人生建議：卜得此卦者做事有計劃，待人忠誠積極，口才佳，頗受到大家的好評。唯一的缺點就是容易鑽牛角尖，放不開手做大事。然而水風井是在勉勵我們，井水要清澈才能讓人飲用，因此我們要常保心境清明，不能急功近利。

49

周易第四十九卦 革卦

澤火革

革，己日乃孚，元亨，利貞，悔亡。

卦象解讀：

革卦象徵「改變、改革」。占得革卦，是說到了己日去推行變革並且取信於眾，這樣就會發生好轉，並有應驗，大通順，利於占問，悔恨將會消亡。

易經象傳

象曰：澤中有火，革。君子以治歷明時。

解釋：水澤之中有火，為革卦的原意。君子應當修治曆法，審明時令。

當前諸事：此卦為湖泊在上而火在下，水底有一股熱氣正在翻騰，卦象吉凶
未定，但不可固執守舊，只要有心改革，重新再來則成功機會更
大。但變革要找準時機，不可隨意進行，必須要有一個新的儀式
提醒自己，改革一但進行，就要積極的為自己帶來正面的意義和
價值。

考生運勢：若為考生，換一個讀書方式或地方，你的成績能有一番起色。

愛情家運：如有穩定的對象，容易因為不滿現狀而發生爭執，要慎重的為對
方改變自己的生活或思考方式，建立新的相處關係，千萬不要因
為一時的意氣用事而讓外人有機會介入。如有心儀的對象，要注
意會有一些小麻煩出現，但只要兩人對這段感情夠專注，就可以
相守。

事業大勢：卜得此卦者在事業上正處在轉折的時刻，必須細心觀察周遭人事
變動。建議可以根據自己的個性或事業上的特色長處，利用變革
來壯大自己的事業。

轉職開業：求職者建議越是跟以往不同性質的工作越適合挑戰。轉職者是好
時機。創業者可用特別的方式做行銷宣傳，可以達到好的效果。

身體疾病：火氣大，且易有血光之災。如是長久的慢性病則病情可能有變，
可以換醫院再做更精密的檢查。

人生建議：卜得此卦者平時是個性急的人，反傳統且有企圖心，喜歡創新的
事物，但有時也容易意志不堅、猶豫不決。建議戒掉三分鐘熱度
的習慣，洗心革面，就能讓自己的事業或學業漸入佳境。

50
周易第五十卦 鼎卦

火風鼎

鼎，元吉，亨。

卦象解讀：

鼎卦象徵「權鼎」。占得鼎卦，代表大吉，亨通。鼎卦有兩個意思，一個是
烹飪的器具代表養人，另一個是代表權力。

易經象傳

象曰：木上有火，鼎。君子以正位凝命。

解釋：木柴上面燒著火焰，為鼎卦的意思。君子應該像鼎一樣穩重，端守正
道，以完成使命。

當前諸事：卦體的形狀像鼎，鼎有三足，因此告誡卜得此卦者要懂得團結合作，諸事可在穩定中求發展。鼎是國家的重器，所以鼎卦有推出新政策的含義，因此推陳出新，不宜守舊也是本卦的含意。

考生運勢：如你是考生，必定可以得到佳績，光宗耀祖。

愛情家運：如你有穩定的對象，此時家庭豐盛富足，生活穩定。但要注意彼此的交友狀況，不要出現第三者的情況。如你有心儀的對象，千萬別因為自己的條件不錯而自視甚高，要懂得溫和的追求，是很有希望的好姻緣。

事業大勢：卜得此卦者目前事業運勢大權在握，名利雙收，已經具備開拓事業的能力。建議這時除了拓展人脈外，也要懂得培養接班人選，這樣才能讓事業的版圖拓展得無後顧之憂。

轉職開業：此時求職或轉行都會很順利，而且能得到貴人的幫助。創業者應與合夥人盡速進行，有通達得利之相。此卦尤其適合餐飲業，獲利可期。

身體疾病：因心火過旺，要注意心臟血管相關的疾病，就醫可無礙。卜卦者需注意可能會因病而服湯藥。

人生建議：卜得此卦者具有領導氣質，屬於一呼百諾的領袖。企圖心強盛的你交遊廣闊，喜歡熱鬧，人多之處更能表現其才能，唯有疑心病重的缺點要多注意。鼎卦雖然象徵諸事大吉，但是吉在聚積眾人的能量與勇敢創新，千萬別虎頭蛇尾，浪費了天賜的好運。

51

周易第五十一卦 震卦

震為雷

震，亨，震來虩虩，笑言啞啞，震驚百里，不喪匕鬯。

卦象解讀：

震卦象徵「雷聲震動」。占得震卦，代表亨通。雷聲霹靂轟響，讓萬物害怕恐懼，祭祀之人神態自若，手中拿著酒器，酒與酒器都未灑落，大丈夫能成就大事。

易經象傳

象曰：洊雷，震。君子以恐懼修省。

解釋：震雷重疊在一起，這就是震卦的意思。君子因此惶恐警戒，修身並且反省自己。

當前諸事：震為雷在警示人們，要奮發向上，不論遇到任何不安穩的現象，都要保持鎮定，審慎做下決定。雷聲表示聲勢浩大，但是人際關係的培養卻不能這樣，不能虛應他人的善意，否則將種下壞的因緣。

考生運勢：如你是考生，可以得到不錯的成績，而且口試的成績會比筆試更佳，體育方面相關的考試成績更佳。

愛情家運：如你有穩定的對象，兩人近期內相處有爭執的危機，若是口不擇言會導致情況變得危險，建議謹慎小心溝通，則能化解。如你有心儀的對象，建議不要把自己的姿態端得很高，應該謙虛的跟對方培養感情，否則將容易錯失一段好姻緣。

事業大勢：卜得此卦者若是決策者，要懂得商場上的虛虛實實，外界的是非與紛擾都會影響到你。若你是受雇者，要戒慎小心面對已經決定好的事情有突然的變動，建議勿心直口快，否則可能浪費之前辛苦布局的一切。

轉職開業：求職者目前的選擇都並不是最合適的。轉職者需要祈求一些好運氣。如想創業者可以長期策劃進行，但近期內不適合貿然開張。

身體疾病： 需注意突如其來的交通意外或天災，也要小心血壓及心臟的問題。

人生建議：卜得此卦者氣勢旺盛，但是因為個性急躁，有時候會人覺得備感壓力。建議你謹慎處理生活中變動的事物，則可以平順度過。

52
周易第五十二卦 艮卦

艮為山

艮其背，不獲其身；行其庭，不見其人。无咎。

卦象解讀：

艮卦象徵「抑止」。占得艮卦，謹慎其背後之事物，人不可以傷害其身；行走在庭院之中，人不會看見他的蹤跡；沒有損害。

易經象傳

象曰：兼山，艮。君子以思不出其位。

解釋：兩座山重疊在一起，為艮卦的意思。兩座山重疊意味著困難重重。君子因此謀事不會超過自己的權職範圍，明哲保身。

當前諸事：此卦象徵連綿不絕的高山，令人難以跨越。因此艮為山的意義就有面對難以解決的困難，需要暫時停止的意味。時機還有環境不利於前進，那麼就該停止下來，審度時勢再行動。凡事若能知進退，前途就會一片光明。

考生運勢：如果你是考生，學習上遇到障礙，可能無法得到理想的好成績。

愛情家運：如你有穩定的對象，目前運勢停滯不前，容易遇到阻礙。建議多溝通或改變自己。如你有心儀的對象，你們之間時常錯過最佳的相處時機，並不是很順利。

事業大勢：卜得此卦者建議將目前想要進行的事項停頓，因為發展困難。如你是決策者，應該要保守經營，公私分明。建議在職場上潔身自愛，明哲保身，做好每天的工作，就能漸入佳境。

轉職開業：求職者這時的工作選擇發展都不大。轉職者不宜，建議在原工作崗位上發展另一種好的表現。此時創業不宜，應該再等待良辰吉時。

身體疾病：要調整生活的作息，注意慢性病的發生，宜到醫院做大型精密的檢查。

人生建議：卜得此卦者個性耿直，為人真誠又善良，知識淵博，但遇到機會才會表達。唯一的缺點的就是過分固執，只要你認定的事情要想再更改就不容易了。建議你做事必須「停看聽」，守住目前的江山，不犯錯不失手，就是艮卦給你的最佳建議。

53

周易第五十三卦 漸卦

風山漸

漸，女歸吉，利貞。

卦象解讀：

漸卦象徵「循序漸進」。占得漸卦，就好像女子出嫁要依循禮節才會獲得吉祥，占問利於持守正固。

易經象傳

象曰：山上有木，漸。君子以居賢德善俗。

解釋：山上有樹木逐漸的生長茂盛，為漸卦的原意。君子因此畜養美德，擔任起端正世間風俗的責任。

當前諸事：此卦象徵風吹在山上，迎風坡多雨而滋潤，風遇阻礙則會上升，因此風山漸表示吉象將至，進取可以有功，但不可心急，一切需要在正理常規下循序漸進，就會有好的結果。如你可以懂得接受他人的好意見，順乎時勢則吉。

考生運勢：如果你是考生，可以在積極的學習中取得好成績。

愛情家運：如你有穩定的對象，近來家運平順，所有的事情都越來越好。如你有心儀的對象，慢慢的走入對方的生活圈，從朋友的角色開始培養，就可以成就良緣。如心急想成婚者，應盡快安排拜見雙方父母的時間。

事業大勢：卜得此卦若為決策者，可以分階段擬定公司成長目標，按部就班的增加人事，循序漸進就可以有所獲得。但須慎防辦公室戀情帶來的負面影響。如為一般職員，只要能堅持下去，就可以越做越好，但要小心交易款項或是業務報表數字上的誤差。

轉職開業：求職者可以順利找到想要的工作。轉職者也能夠在新職場得到認同。創業者諸事吉利，漸入佳境。

身體疾病：容易感冒或四肢無力，多休養即可痊癒。

人生建議：卜得此卦者風趣幽默，非常受人歡迎。遇到困難有越挫越勇，永不言敗的毅力。而且你的品味出眾，口才佳，思想敏銳。只要能夠依禮法正道而行，不要在遇到困難的時候輕易放棄，不躁進也不動歪腦筋，則能夠得到老天的庇佑，事事順心。

54
周易第五十四卦 歸妹卦

雷澤歸妹

歸妹，征凶，无攸利。

卦象解讀：

歸妹象徵「少女婚嫁」。占得歸妹卦，代表如果行為不當的話，前往有凶險，沒有利益。

易經象傳

象曰：澤上有雷，歸妹。君子以永終知敝。

解釋：澤水上面有雷電興動，為歸妹卦的原意。君子應該保持夫婦之道，才能使其長久，防止夫妻關係被破壞。

當前諸事：此卦意象為春雷打在湖上，此時草木生長開花，生機盎然，可以
　　　　　繁衍後代。但歸妹卦又有缺乏規範、約束的意思，因此在沒有禮
　　　　　法的狀況下就應該急事緩辦，參考多方的意見。

考生運勢：如果你是考生，切勿在急躁的心情下赴考場，若是不能控制自己
　　　　　心緒，自然也無法控制成績。

愛情家運：如你有穩定的對象，近來相處可能平靜，但是其實有爭吵正在醞
　　　　　釀。雙方都應該為了這個家著想而恪守本分。建議彼此將心裡話
　　　　　說出，不要悶在心裡，向外人傾訴反而無濟於事。如你有對象正
　　　　　在交往或是正在追求，你們之間的感情基礎可能是薄弱的，交往
　　　　　過於任性而欠缺考慮。

事業大勢：卜得此卦者近期看來光鮮亮麗，但失落與不滿只有自己知道，因
　　　　　為在事業上的期待和實際獲益不相符。建議這時千萬不可因利益
　　　　　犯險，否則災禍難免。如果你是決策者，合作的事情看來一片美
　　　　　好，但遠景卻無利可圖，反而浪費你的時間。

轉職開業：求職者目前沒有好的選擇。想轉職者建議你另作打算，因為工作
　　　　　內容與職稱不相符。創業者短期內可能會覺得有收益，但長遠則
　　　　　不吉，宜靜候時機。

身體疾病：容易因為想太多而引起失眠的狀況，宜放寬心胸為佳。

人生建議：卜得此卦者熱心助人、貴人提攜多，是個人際關係豐沛的人。你
　　　　　喜歡追求變化性的工作，但要注意多學而不專的問題。建議你放
　　　　　慢心裡的腳步，培養一個能放鬆壓力的嗜好，好運自然降臨。

55

周易第五十五卦 豐卦

雷火豐

豐，亨，王假之，勿憂，宜日中。

卦象解讀：

豐卦象徵「豐盈」。占得豐卦，代表亨通，有德行的君王可以到達豐盈的境界，不必憂愁，要像太陽一樣保持永恆的光輝的狀態。

易經象傳

象曰：雷電皆至，豐。君子以折獄致刑。

解釋：雷鳴電閃，為豐卦的原意。君子應該嚴斷獄案，明審刑罰。

當前諸事：此卦象徵大雷打在森林中引起大火。狀況雖然危險，卻也提供了
植物生長所需要的養分，因此有豐收的意味。建議把握當下的好
時機做決策，否則錯過好運，便浪費老天爺的恩澤。凡事積極奮
發可成，只要是光明正大的事業，都可以有好成績。

考生運勢：如果你是考生，有效的臨時抱佛腳也可有不錯的成績。

愛情家運：如你有穩定對象，此時家運富足而幸福，令人羨慕。但需注意另
外一半可能因為外界的誘惑而有動搖，切忌得意而忘形。如你有
心儀的對象，建議追求動作需快狠準，成功的機率非常大。

事業大勢：豐卦象徵成就，豐者必有所得，卜得此卦者事業如日中天，要抓
住這一時機，發展自家事業或是專案，定能成功。但是在盛運之
餘，別忘了日中過了就是接近日落的時候，盛極必衰。

轉職開業：求職者可以得到好的工作機會，甚至有可能會升職。創業者大吉
利，但不要三心二意，猶豫不決，應當即知即行。

身體疾病：要小心急性病，更要注意心臟方面或意外傷害。火氣大，也容易
生氣和頭暈。

人生建議：卜得此卦者內心急躁，但是形於外卻是被動，愛拖延，須要人催
促的樣子。你也是一個天生的幸運兒，常有偏財運或是意外的好
運，要珍惜這的好運道。你的感情豐富，責任感也很強，有時容
易因為一時的意氣用事換工作，建議你做事要打鐵趁熱，團體相
處更要隨和謙虛，如此一來必能得貴人幫助，得到豐富、豐收的
人生。

56

周易第五十六卦 旅卦

火山旅

旅，小亨，旅貞吉。

卦象解讀：

旅卦象徵「行旅」。占得旅卦，代表小事通順，旅人占問則吉利。

易經象傳

象曰：山上有火，旅。君子以明慎用刑，而不留獄。

解釋：山上有火，為旅卦的意思。君子應該明智謹慎的使用刑獄，也不去拖
　　　延獄訟案件。

當前諸事：此卦象徵燎原之火，燒而不止，火勢在山上不停蔓延，就像旅途中的行人，急於趕路。此卦象徵小事可行，但大的決策就必須再考量。因為事情的意象不穩定，面對不可預測的際遇與環境，只能依靠自己多努力，若是有長輩意見可參考更佳。

考生運勢：如果你是考生，容易念得又急又快，沒有吸收內容，因此成績並不是很好。

愛情家運：如你有穩定的對象，家庭內部因為意見不一，容易有口舌是非，建議彼此都需要讓脾氣緩和下來，才能讓家運和昌。如你有心儀的對象，要先確定彼此都有感情，才能順其發展。

事業大勢：卜得此卦者若正處於創業的階段，困難重重，不建議獨自經營，需要有眾人之力幫忙。開發市場或進行客戶開發之前，應根據市場的變化，採取正確的反應，事業便可順利發展。

轉職開業：求職者最近並沒有很好的消息。轉職者也不適宜。創業者宜多觀望，要做更多的市場調查，才能做出更好的決定。

身體疾病：火氣過旺，口乾舌燥。如有慢性病，病情可能會有變化，宜速就醫。

人生建議：卜得此卦者喜歡多變化的事物，做事重效率，興趣廣泛，愛嘗試新事物，責任感強烈，可交付重任。建議你在外行事應低調，聰明不宜外露，勿計較一時得失，要謙虛待人，更要懂得放手將事情交給別人，才能讓人生的負擔減輕。

57

周易第五十七卦 巽卦

巽為風

巽，小亨，利有攸往，利見大人。

卦象解讀：

巽卦象徵「順從」。占得巽卦，代表謙柔小心可以獲得亨通，利於出行，見
貴人有吉利的事情。

易經象傳

象曰：隨風，巽。君子以申命行事。

解釋：風和風相互相隨的出拂不斷，這就是巽卦的原意。君子應該重申政令
，以利法政的施行。

當前諸事：此卦象徵風吹拂大地的樣子，但風是不可控制的，因此又代表不
　　　　穩定的現象。目前的人、事、感情、投資等等，都是令人難以掌
　　　　控的，若有波折和變化，都不需要意外。只要能夠平常心待之，
　　　　柔順的慢慢來，都能夠慢慢的看到成功之象。

考生運勢：如果你是考生，成績時高時低，建議定下心來，才會有穩定的成
　　　　績表現。

愛情家運：如你有穩定對象，要注意平穩的關係已經漸生風波，建議遵照長
　　　　輩的建議，相互尊重，讓關係更加穩固。如有心儀對象，兩人的
　　　　心及狀態都不穩定，也可能是對方還不想定下來，希望你要拿出
　　　　誠心打動對方，切勿用花言巧語達成目標。

事業大勢：卜得此卦者象徵好事多磨，萬事起頭難。此時更要處變不驚，眼
　　　　光精準隨機應變，不要盲目的跟從潮流。由於市場競爭激烈，做
　　　　任何的活動都要小心謹慎，最好以謙和有禮的態度對待同行和顧
　　　　客，貴人必能及時出手，幫助你度過難關。

轉職開業：轉職不見得能得到最想要的職位，而且一定會有變動的景況。開
　　　　業可以期待，可是目前狀況沒有很好，慢慢努力可以看到獲利。

身體疾病：注意慢性病症如糖尿病或皮膚病，病情稍不注意就會變化無常，
　　　　需要長期調理。

人生建議：卜得此卦者個性聰明伶俐，求知慾強，喜歡追求新事，但建議你
　　　　不管做甚麼事情都不要急躁，要記得事緩則圓，更不要對於別人
　　　　的叮嚀感到厭煩。

58

周易第五十八卦 兑卦

兑為澤

兑，亨，利貞

卦象解讀：

兑卦象徵「喜悅」。占得兑卦，代表通順，有利於占問。

易經象傳

象曰：麗澤，兑。君子以朋友講習。

解釋：澤水和澤水互相依靠在一起，為兑卦的原意。君子因此要和志同道合
　　　的朋友經常在一起談論事情和道理，並且一起研習學業。

當前諸事：卜得此卦可說目前所問之事雖為喜悅之象，但是必須遵守中正之道，不可隨意而行，更不可用嬌蠻、任性的態度來對待他人。但若能以喜悅的態度或可期待的愉悅結果讓人主動做事，就可以有很好的結果。

考生運勢：正常發揮實力即可得到好成績。若有口試，表現將更傑出。

愛情家運：如你有穩定對象，目前的感情融洽，一切和樂。如你有心儀的對象，對方是屬於較為適配的對象，彼此都有意思。但要注意，如果在某些相處點上過於固執，將會遇到困擾。

事業大勢：卜得此卦者在事業上特別適合發展娛樂或公關事業。若是問其他工作內容，則必須要有堅定的意志去執行目標，切記勿走旁門左道。男人更要特別小心職場上的爛桃花，避免不當的男女關係阻礙前程。

轉職開業：求職者可得貴人相助，只要本人信念純正，會找到一個富裕的職位。轉職或創業者卜得此卦都是大吉，如能有喜悅的心去從業更佳。

身體疾病：容易因為濕氣過多得到相關疾病，建議趕緊就醫。

人生建議：卜得此卦者性格開朗又善解人意，口才佳亦有幽默感，富有組織才能。因此，可以比較順利的在人生道路上走到更好且更高的位子。建議千萬不能被花花世界所迷惑，要堅守正道，平時以平和喜悅的態度對待他人，多施惠給他人，你的朋友會是你最好的支持者與貴人。

59

周易第五十九卦 渙卦

風水渙

渙，亨，王假有廟，利涉大川，利貞。

卦象解讀：

渙卦象徵「渙散」。占得這個卦，代表亨通，君王親臨宗廟，消災祈福。利於涉過大河。這是吉利的占問。

易經象傳

象曰：風行水上，渙。先王以享于帝立廟。

解釋：風行水上渙然成文，為渙卦的原意。先王祭祀天地，建立宗廟，推行尊天孝祖的德訓。

當前諸事：此卦象徵風在水上，風推波助瀾，水則四方流溢。在這個不聚集的狀態之下，表現出卜卦者的心神不寧和猶豫不決。建議若能穩定情緒、定下心神，找到該努力的方向，就可恢復以往的風光。

考生運勢：若你是考生，謹防考試時精神渙散，臨場表現不佳。

愛情家運：如你有穩定的對象，最近可能因為外在因素造成一些摩擦，但是情緣仍在，還不到分道揚鑣的地步。如你有心儀的對象，只要確認對方身邊沒有其他的追求者，而你又能用新奇有趣的方法吸引對方注意，一定美滿成功。

事業大勢：卜得此卦者，目前事業可能處於比較低迷的地步，主要是因為公司裡的人心各異，必須採取有效的辦法，秉持大公無私的精神，解決渙散的狀態，讓內部安定團結。

轉職開業：求職者，遠方的工作機會相對吉利。轉職者若能借助人脈，也可以有好的機會，但好事多磨，需特別注意。創業者須再確認，慎防合作者突然生變，更要提防人心渙散的問題。

身體疾病：幼年常生病，隨著長大體質慢慢恢復健康，但還是要小心根骨虛弱的問題，此卦問病是不穩定的，但也能找到好醫師解決問題。

人生建議：卜得此卦者喜追求變化，更喜歡新的事物，較缺乏耐性，須特別注意理財的問題。為了加強運勢，你必須靜下心來努力學習，加深內涵，使自己言之有物，並利用耐心與智慧來解決難題。

60
周易第六十卦 節卦

水澤節

節，亨。苦節，不可貞。

卦象解讀：

節卦象徵「節制」。占得節卦，代表亨通；但是若太過於自我節制，那麼對於占問來說是不利的。

易經象傳

象曰：澤上有水，節。君子以制數度，議德行。

解釋：澤上面有水，為節卦的原意，代表建築堤岸去節制水澤。君子因此制定法規和制度去約束百姓，評估自己的道德行為而確立倫理原則。

當前諸事：此卦象徵水流入湖泊中，而湖泊具有調節水量的功能，因此要向
　　　　　卦象學會調節精力與金流，就能有吉象，不節制則會帶來禍事，
　　　　　可是若節制太過則窒礙難行，必須學會取其中道。卜得此卦要有
　　　　　洞察先機與反省的能力。

考生運勢：如果你是考生，近來要加倍努力用功，幸運的話，榜上可有名。

愛情家運：如有穩定對象，你跟對方的關係穩定，也能夠維繫得很久，屬於
　　　　　細水長流型的愛情。但要小心不要在細節裡挑毛病，讓對方不開
　　　　　心。若你有心儀的對象，要學會適當的表達自己的情緒，不要陷
　　　　　入情不自禁的地步，掌握好分寸，成功得到愛情的機率很大。

事業大勢：占得此卦者表示事業或專案正處在發展期，也出現有利的機會，
　　　　　但一定要冷靜觀察，嚴格控制金流，投入應有限度。如可以掌握
　　　　　在適當獲利而不躁進，事業可以繼續興旺。

轉職開業：求職者機會不多，要再等待時機。轉職者需要駐足觀察。創業者
　　　　　須特別注意資金周轉的問題，不可以貿然行事，若以最小規模做
　　　　　起，則可穩紮穩打，慢慢成長。

人生建議：卜得此卦者做事相當有計畫，理想高遠，很有恆心。平日裡奉行
　　　　　寬以待人，嚴以律己的準則，所以人緣還不錯。但你在錢財方面
　　　　　比較節儉，有時還會顯得小氣，因此要注意如何取得平衡，否則
　　　　　會影響你好不容易建立的人脈。要記得時時提醒自己，做任何事
　　　　　情都要看大格局，不要過分焦慮。

61

周易第六十一卦 中孚卦

風澤中孚

中孚，豚魚吉，利涉大川，利貞。

卦象解讀：

中孚卦象徵「心中誠信」。占得中孚卦，心中誠心並獻上豬和魚，那麼就會獲得吉利，利於渡涉大川，利於持守正固。

易經象傳

象曰：澤上有風，中孚。君子以議獄緩死。

解釋：澤水之上吹著風，為中孚卦的原意。君子用中信之德審議獄訟的案件，並且寬緩死刑犯。

當前諸事：此卦象徵風在水上吹，柔和的風停了，漣漪也停了。因此卦象為吉中藏兇，卜卦者必需以誠心、信譽和腳踏實地的行動來說服他人，若待人處事都能以誠信為重，好的人就能被你吸引而來，則事事皆可順利而行。此卦忌利用信賴感驅使別人做事，卻言而無信。

考生運勢：如果你是考生，目前狀況很不錯，只要能持續努力到考試的那一天，就可以有好的成績。

愛情家運：如你有穩定的對象，表示雙方都以誠相待，家運合和美滿，甚至想要懷孕也可以順利完成願望。如你有心儀的對象，只要用誠懇的心和踏實的行為去追求，就能得到美滿的姻緣。

事業大勢：卜得此卦者，事業上需要特別注意商譽與信用，如果能做出優質的服務更能吸引顧客。所求之事，自然會有貴人出手相助。切記勿貪小便宜或是欺人，就會破壞吉運。

轉職開業：求職者，只要帶著真誠的心去面試，都可以有不錯的工作機會。轉職者可以請他人介紹工作。創業者可以從事跟人相關的行業或服務業，只要做出良好的名聲，就可以獲利。

身體疾病：病情大致為胃腸、腹部或腎弱之症，宜妥善調理。

人生建議：卜得此卦者平日心地善良，喜歡幫助別人。你的人緣好桃花運也佳。建議你若想讓自己更好，就要以誠信為立身處世的準則，真誠待人，只要能夠誠實的對待自己與他人，即使出現了任何問題也會有貴人來拉你一把。

62
周易第六十二卦 小過卦

雷山小過

小過，亨，利貞，可小事，不可大事。飛鳥遺之音，不宜上，宜下，大吉。

卦象解讀：

小過卦象徵「小有過錯」。占得小過卦，代表亨通，有利於占問。只適合做小事，不適合做大事。飛鳥給人送來訊息，是說不宜進取，只宜退守，可以獲得大吉。

易經象傳

象曰：山上有雷，小過。君子以行過乎恭，喪過乎哀，用過乎儉。

解釋：山頂上雷聲異常的震動，象徵事務小有越過的意思。君子的行為舉止不可過於恭敬，喪事不要過於悲傷，花費不能過於節儉，適中即可。

當前諸事：此卦象徵山上響雷，對山有一點小小的損害。卜得此卦建議在行事前，應該好好規劃，一步一腳印的去執行，不可急躁的想去做大事。此時應低調的謹守本分，不能插手分外之事，不犯小錯，甚至是以退為進，如此才是大吉。

考生運勢：如果你是考生，你準備的方向跟內容可能是錯誤的，須要及時導正。

愛情家運：如你有穩定對象，近來你們常常因為價值觀的不同而發生口角，建議你們可以選擇暫時到外地出差，讓兩個人都冷靜，重拾當初的愛戀。如果你有心儀的對象，應該加長相處的時間，增進對彼此的了解，不能單單憑著感覺行事，否則以後可能會有後悔的情況。

事業大勢：卜得此卦者需對市場行情更掌握，甚至需要給團隊訂立明確的目標。事件或經營層面先以小為主，因為若把事情做大，細節就無法面面俱到。

轉職開業：求職者及轉職者此時都不是好時機。創業者最好再等待，現在不是最適合你的光景。

身體疾病：手部跟腳部容易有小毛病出現，建議至醫院詳加治療。

人生建議：卜得此卦者反應快，更是喜歡吸收新知識，學習新事物，但務必戒掉粗心的毛病。建議你在做決定之前，先持保守的態度觀察態勢，更要懂得尋求前輩的建議，不要衝得太快，以免將來買不到後悔藥。

63
周易第六十三卦 既濟卦

水火既濟

既濟，亨小，利貞，初吉終亂。

卦象解讀：

既濟卦象徵「事情已經完成」。占得既濟卦，小有亨通。占到這個卦需要謹慎和持守正固，如果不謹慎保住目前的成績，那麼最終會有危亂。占到此卦要注意雖然事情已經成功，但是要注意「物極必反」的自然現象，需要很謹慎才能保持成果。

易經象傳

象曰：水在火上，既濟。君子以思患而預防之。

解釋：水在火上，為既濟卦的原意。君子應該思慮憂患並且防範未然。

當前諸事：本卦象水火陰陽調和，表一時平安和樂。若問事可成，但是要在成功之時想到後面的態勢，做事要記得留一手，做人要留後路。為了提防後勢走下坡，一定要懂得避免因為一時環境或人事所影響，千萬不能因短暫的平和，就鬆懈了防備。

考生運勢：大考在即，你的心情很緊張，但是你深具實力，只要能夠良好發揮，必能成功。

愛情家運：如你有穩定的對象，你們安和的生活可能受到其他人的恩澤，如不知珍惜，將會有爭吵。如你有心儀的對象，必須要多溝通，確定彼此的生活習慣與價值觀相仿，才能確保日後的和樂。

事業大勢：卜到此卦者此時事業得意，到達一個巔峰。但要知道人世的道理是盛極必衰，如你已經有可觀的獲利或進展，建議最近宜保守行事，不可貪得無厭。

轉職開業：求職者可嘗試眼前的工作，但不是長久的選擇。轉職者此時適合待在原來的公司。創業者最好選擇短期事業，以現在流行中的短期事業為佳。

身體疾病：血液循環不好，易為心臟、腹部、腎臟等之疾病，如有好轉也不可掉以輕心。

人生建議：卜得此卦者心思細膩，喜歡寧靜的生活，但有時容易猶豫不決，做事裹足不前，需要更有決斷力。見你不能沉浸於眼前的平順狀態，要時時提醒自己，凶險可能就在身邊。如何讓最佳狀態保持更久，是你的挑戰。

64
周易第六十四卦 未濟卦

火水未濟

未濟，亨。小狐汔濟，濡其尾，无攸利。

卦象解讀：

未濟卦象徵「事情尚未完成」。占得未濟卦，代表最終會亨通；小狐狸將要渡過河水，但是中途卻浸濕尾巴不再繼續前進，就會無利。

易經象傳

象曰：火在水上，未濟。君子以慎辨物居方。

解釋：火在水上，為未濟卦的原意。君子因此謹慎的辨別物類，然後使其各
得其所。

當前諸事：本卦為易經的最後一卦，象徵不變的循環，需要自助方有人助。若此時不順，人事情緒應是最大的主因。幸好此卦有否極泰來之變化，好的事情值得等待。雖然此卦有「事未成」的意象，但卻充滿著正面發展的可能。

考生運勢：戰戰兢兢的你有準備了很久，但可惜還是差了臨門一腳。

愛情家運：如你有穩定的對象，此時可能面臨動盪跟辛苦，但只要兩人可以熬過這段，未來的美好遠景就在等著你。如你有心儀的對象，勿靠外表判別對方，需先培養共同的興趣，因為你們的家庭背景或觀念可能很不一樣，需要磨合的時間。單戀者建議不要再堅持。

事業大勢：此時的你會覺得事業停滯不前，若不用心找出背後的癥結點，可能還會犯一樣的錯誤。不管是做領導者或是上班族，凡事要有耐心與決心去突破難關，並設身處地的為他人著想，前途將大有可望。

轉職開業：求職者目前需再等候時機。轉職者不建議唐突決定，時機尚未成熟。創業者要有耐心，建議將計畫籌備仔細，準備更充分才好。

身體疾病：容易有血光之災，下腹部的血液循環不好。

人生建議：卜得此卦者喜歡閱讀冷門書籍，雖然很有自己的想法，但缺乏耐性，容易緊張導致情緒起伏不定，內心易有衝突感。如果你有自己的信仰，可以試著往哲學宗教發展。做決定前要小心觀察再做判斷，絕對不可被美麗的假象所欺騙。

第六章　《易經》占卜　案例分享

案例分享01
風火家人

　　一位傑出的會計師，年紀輕輕就擁有屬於自己的事務所。由於業務繁忙，他決定找合作夥伴，並從朋友裡找到人才。

　　合夥前，會計師找書珩老師卜卦，卜到了風火家人。

　　解卦前，會計師緊張的問：「這是個好卦嗎?」其實，易經的卦象裡沒有絕對的好壞，好壞都是取決於人心。

　　書珩老師解析：「你合作的對象是一位溫和穩健的人，你必須真誠的歡迎他加入團隊，把他當成家人一樣的信任，否則再好的合作對象，都會在刻意的觀察中漸行漸遠。」

　　會計師頓時懂了，他知道該如何跟合作對象相處。依照書珩老師給他的建議，半年內，會計師事務所的規模又拓展了近一倍！

澤地萃

　　成績優異的畢業學子來問卦，他想找讓他感興趣的工作，希望累積工作年資。

　　懇談後得知，他有喜愛的兩個選擇，其中一家與電腦工程相關，另外一家與行銷廣告相關。一個是需要獨立完的工作，一個是需要集合眾人之力完成的內容。

　　卜卦後，他得到澤地萃。此卦有圍捕之意，意味眾志成城。

　　書珩老師建議他選擇行銷廣告，但在工作時觀察大家，不要在時機不成熟時發表意見，更要懂得整合來自四面八方的想法。

　　後來他進入行銷公司，果然得心應手，他很開心的回饋道，這個工作可以發展的空間很多，所以讓他在工作上非常的得心應手，甚至還覺得很有趣。

案例分享03
水山蹇

　　30歲的男子來問卦，他認識了心儀的女孩，但他總覺得女孩很空靈，相處時常不知道在想什麼，讓他覺得氣餒。

　　他卜了卦，得到水山蹇。

　　書珩老師直接問他：「你覺得女生對你有意思嗎？你認為所謂的相處是一對一呢？還是在團體活動時聊天而已呢？」

　　書珩老師解析，這位女孩可能覺得跟你之間的溝通有障礙，讓她有點不知所措如何與你相處，或許在她的心中你並不是她的首選，所以你才會感覺得她很空靈甚至難追。建議你可以試著找到你們之間的共同興趣，或許可以從中得到和她相處的方式也說不定。

　　聽完書珩老師的建議後，男子似乎明白了什麼道理。

山雷頤

　　一位適婚的美麗女子來問卦，她說他與男友交往近一年，想要知道男友會跟她結婚嗎？

　　她占卦後，得到了山雷頤。

　　書珩老師解析，男方是不錯的對象，穩重成熟，對她也好。兩人的感情狀態應該沒有問題，反而是女方心裡焦慮，平時愛抱怨，個性又急，有時候踩了地雷還不知道。

　　老師建議女方，應該要讓自己更成熟。不該說的話少說，要更穩重。

　　美麗的女子恍然大悟，原來是自己平常的撒嬌根本用錯了方法。她急忙離去，看來是要去找男友了。

書珩老師

紫微斗數諮詢

透過紫微斗數命盤做生涯規劃，了解自己才能
招財致富、尋找真愛。從每個宮位的主星了解
自己的狀況。本命管大限，大限管流年，知己
知彼，百戰百勝。

易經占卜

透過六十四卦的組合反應不同的事物、現象、
特定環境下的結果。透過這些變化可以知道占
卜者當下的運勢吉凶與抉擇方式。

陽宅風水

風水又稱堪輿，陽宅或辦公室是人活動之所，
尤其重要。風水好壞影響後人的禍福，有必要
選擇適合全家人居住的吉宅，以期安居樂業、
進而趨吉避凶。

服務項目

企業內訓講座

員工是企業的資產，想增加員工價值，藉由發展活動，可增加企業在市場競爭優勢。漁樵耕讀特別提供量身訂作的課程，為企業提升向心力，增高獲利率。

開運商品

開光加持開運商品，客戶享有最大正向磁場能量，圓滿人生全方位需求。

A 10508台北市松山區敦化北路201號12樓之9（台塑大樓前棟）
T (02)2546-0689
M 電子郵件：taozg.scl@tzgscl.com

書珩老師微信　　漁樵耕讀官方網站　　漁樵耕讀臉書社團

國家圖書館出版品預行編目(CIP)資料

自己卜卦最準確：易經占桃花財運 / 張書恆作. --
　　初版. -- 臺北市：智庫雲端, 民108.10
　　面；　公分
　　ISBN 978-986-97620-1-4(平裝)

1.易占

　　　　　　292.1　　　108016460

自己卜卦最準確
易經占桃花財運

作　　　者｜張書恆（書珩老師）

責任編輯｜張書恆（書珩老師）
封面設計｜邱　昕

出　　版｜智庫雲端有限公司
發 行 人｜范世華
地　　址｜104 台北市中山區長安東路2段67號3樓
統一編號｜53348851
電　　話｜02-25073316
傳　　真｜02-25073736

總 經 銷｜采舍國際有限公司
地　　址｜235 新北市中和區中山路二段366巷10號3樓
電　　話｜02-82458786 (代表號)
傳　　真｜02-82458718
網　　址｜http://www.silkbook.com
版　　次｜2019年10月初版一刷
定　　價｜台幣：660元　　　港幣：165元
ISBN：978-986-97620-1-4（平裝）

※ 版權所有，翻印必究